CREIRIAU'R CARTREF 2

Llyfrau Llafar Gwlad

Creiriau'r Cartref 2

Mary Wiliam

Argraffiad cyntaf: 2009

(h) Mary Wiliam/Gwasg Carreg Gwalch

Rhif rhyngwladol: 978-1-84527-236-4

Mae'r cyhoeddwr yn cydnabod cefnogaeth ariannol
Cyngor Llyfrau Cymru

Llun clawr:
Cynllun clawr: Sion Ilar

Cyhoeddwyd gan Wasg Carreg Gwalch,
12 Iard yr Orsaf, Llanrwst, Conwy, LL26 0EH.
Ffôn: 01492 642031 Ffacs: 01492 641502
e-bost: llyfrau@carreg-gwalch.com
lle ar y we: www.carreg-gwalch.com

Argraffwyd a chyhoeddwyd yng Nghymru.

Cynnwys

Cyflwyniad

Roedd cynnwys y *Creiriau'r Cartref* cyntaf yn ymwneud yn bennaf â mân bethau a geid yn y cartref Cymreig traddodiadol, gyda llawer o'r darnau yn deillio o Oes Fictoria ac ynghynt.

Y tro hwn rwyf wedi dewis dod â'r stori ymlaen mewn amser gan gynnwys nid yn unig eitemau traddodiadol eu naws ond hefyd rhai sy'n tarddu o'r cyfnod rhwng y ddau Ryfel Byd, gan drafod mudiadau fel Art Deco a'r pethau plastig lliwgar a ddaeth a bywyd newydd i geginau'r 40au ac sydd erbyn hyn yn llenwi'n byd. Sonnir hefyd am ambell arloeswr Cymraeg a wnaeth gyfraniad nodedig i godi safon byw ei gyfnod.

Mary Wiliam, Medi 2009

Gwau sanau

Daeth y gŵr adre o Eisteddfod Genedlaethol Caerdydd, 2008, â llun dan ei gesail, wedi bod yn prynu yn sêl y Llyfrgell Genedlaethol, medde fe. Teitl yr ad-argraffiad hwn oedd *Welsh fashions, taken on a market day in Wales*, wedi'i engrafu gan R. Griffiths, Caernarvon yn 1851. Mae'r ffasiynau yn hynod, a dweud y lleiaf, ond mae'n llun difyr iawn, iawn. Mae un o'r gwragedd yn gwau sanau â phedair gwallen hir, ac mae bwndel ohonynt yn hongian dros ei braich chwith. Mae blaen a brigyn y sanau yn wyn a'r gweddill yn frith. Mae gwraig arall yn gwisgo bacsau, sef sanau heb draed â dolen yn estyn dros y bys sydd nesaf at fawd y droed. Gallwn feddwl fod y droed ei hun yn noeth.

Roedd gwau sanau yn fusnes o bwys yng Nghymru unwaith. Defaid oedd prif ddiwydiant mynydd-dir Cymru yn y ddeunawfed ganrif a'r bedwaredd ganrif ar bymtheg a gallai bywyd fod yn ddigon llwm ar y tyddynnod bach. Daeth gwau sanau yn fusnes teuluol pwysig iawn, trwy ddiwydrwydd y gwragedd yn bennaf. Ond roedd y teulu cyfan yn gorfod cyfrannu, mewn gwahanol ffyrdd, am fod yr economi mor fregus. Roedden nhw wrthi bob awr o'r dydd. Doedd eu bysedd byth yn segur: roedden nhw'n gwau wrth gyrchu mawn o'r gors, ac ar y ffordd i'r farchnad â basged ar eu pen yn cario'r sanau parod. Codai ambell un cyn dydd a gwau cymaint â thair hosan, a rheiny'n sanau hir yn cyrraedd dros y ben-glin, cyn mynd i'r gwely y noson honno. Roedd rhaid cwblhau'r gwaith ar gyfer y farchnad a'r dyddiau ffair er mwyn cynnal y teulu.

Roedd trefi marchnad ffyniannus fel Llanrwst a'r Bala yn cynnal ffeiriau sanau bob wythnos. Yn Llanrwst roedd y gwerthwyr yn sefyll ar y bont fawr ac ar hyd y wal ar ochr ffordd Stryd y Bont. Roedd llawer iawn o hen wragedd yn ymestyn eu harian plwyf trwy wau sanau i'w gwerthu i'r dyn sanau. Âi at un hen wraig ar ôl y llall i brynu. Ymhen fawr o dro, byddai gan y saneuwr ddwsinau o barau yn crogi ar ei fraich chwith. Ceid digon o edafedd cartref yn ffatri Trefriw – edafedd glaslwyd, ac edafedd cochddu'r ddafad, sef gwlân y ddafad gochddu.

Yng Ngheredigion wedyn, byddai merched Cors Caron ar eu traed trwy'r nos weithiau yn cael pecyn o sanau yn barod i fynd i farchnad Tregaron drannoeth. Caent eu prynu gan yr un saneuwr bob tro ac yntau'n mynd â nhw i'w gwsmeriaid yng nghymoedd y de. Ar ei ôl e a rhai tebyg iddo yr enwyd y dafarn yr Hosiers Arms. Yn naturiol, gadawodd y gwaith hwn ei ôl ar eu hiaith hefyd. *Stofi* yw gair ardal Tregaron am roi maglau ar y gweill. Os oedd plant yn ymddwyn yn dda roedd hynny'n dangos eu bod *wedi'u stofi'n iawn* ond os oedd y plant yn haerllyg yna roedd *diffyg yn eu gweuad*.

Gallai gwau fod yn dreth ar yr amynedd ac yn waith unig. Mae Mary Jones yn ei llyfr *Ddoe* yn sôn cymaint oedd yr edrych ymlaen felly yn ardal Tregaron at y shimli ddirwyn, noson llawn rhialtwch pryd y deuai'r cymdogion at ei gilydd i ddirwyn gwlân a bwyta a chwerthin tan oriau mân y bore wedi cael noson lawen iawn. Hi hefyd sy'n sôn am liw a natur y gwlân. Roedd y dynion a'r bechgyn yn gwisgo sanau llwydion na fyddai'n dangos y baw a'r gwlân yn wlân du'r ddafad, sef gwlân y ddafad ddu, yn gymysg â gwyn, a'r gwragedd yn gwisgo sanau gleision â'r brigyn a'r bôn yn wyn. Doedd y gwlân gwyn ddim wedi'i liwio, roedd y cnuf naturiol yn cynnwys *lanolin* ac felly roedd yr hosan yn gynnes a diddos.

Mae pob ardal yn cofio rhywbeth teuluol am wau sanau. Dywedodd gwraig o Forgannwg wrtha'i yn ddiweddar am ei mamgu, Margaret Joseph, oedd yn biwpil titshar ac yn mynd ar gefn ceffyl dros y mynydd o'r Bryn i Gwmafan, yn ddyddiol. Roedd y ceffyl yn hen gyfarwydd â'r daith felly roedd hi'n rhydd i wau sanau i'w brodyr oedd yn gweithio ar y ffarm ac yn y pwll wrth iddo loncian yn ei flaen.

Roedd cartref D. Parry-Jones yn bedair milltir ar ddeg o'u tref marchnad. Yn *Welsh Country Upbringing*, mae'n rhoi darlun byw iawn ohono ei hun yn mynd gyda'i dad i farchnad Caerfyrddin, tua 1910. Arfer y teulu oedd mynd i'r gwely yn gynnar iawn y noson gynt. Codai ei dad, heb larwm, am ddau o'r gloch. Erbyn tri o'r gloch, roedden nhw'n barod am y siwrnai a gymerai rhwng pedair a phump awr. Erbyn iddyn nhw gyrraedd y ffordd dyrpeg, roedd llawer iawn o gerbydau eisoes arni: rhain oedd gwŷr Ceredigion oedd wedi cychwyn am un o'r gloch y bore. Ond roedd llwythi ysgafnach wedi cychwyn ryw ddwyawr neu dair o'u blaen nhw, yn cario gwlân i ardaloedd Llanelli ac Abertawe. Ymhen deg milltir, roedd pawb, yn wŷr ac yn wragedd, yn disgyn i gael bwyd a diod a chyfnewid newyddion yn y dafarn ar fin y ffordd. Y nos oedd adeg brysuraf ffyrdd hir sir Gaerfyrddin, ychydig iawn o dramwyo fyddai yn ystod y dydd.

Roedd fy Mamgu yn un o'r cwsmeriaid selog a brynai sanau Tregaron i'r dynion ym marchnad Tredegar. Yr oedd angen dau fath o sanau ar y coliar, sanau trwchus i wisgo yn ei esgidiau hoelion gwaith a rhai teneuach i wisgo yn y diwetydd. Gwau sanau diwetydd yn unig a wnâi fy mamgu o wlân glas tywyll. Yr oedd gwau sanau, a gwybod sut i droi sawdl a throedio'r hosan wedi iddi dreulio, yn grefft i ymfalchïo ynddi. Cenhedlaeth fy mamgu oedd y genhedlaeth olaf i ymarfer y grefft am fod rhaid iddi. Erbyn amser fy mam yr oedd digon o sanau i'w cael yn y siopau am bris rhesymol. A pheth arall pwysig, doedd ei gŵr ddim yn gweithio dan ddaear. Doedd dim angen sanau gwaith a sanau diwetydd ar fy nhad, roedd sanau teneu yn gwneud y tro iddo. Yr oeddwn wrth fy modd yn gwylio Mamgu yn trafod y pedair gwallen, ac yn cael ambell wers ganddi. Gweill dur oedd ganddi: rhai dur oedd gan weuwyr yr unfed ganrif ar bymtheg am fod weiren ddur ar y pryd yn ddefnydd newydd a phoblogaidd. Cefais gryn foddhad o geisio troi sawdl a chael canmoliaeth gan Mamgu.

Nid rheidrwydd yn unig oedd y gwau iddi hi, yr oedd yn bleser hefyd. Roedd ei hosan bob amser ar arffed y ffenestr a phetai rhyw gecru neu sŵn mawr yn codi yn y gegin, byddai'n dweud yn y man *I'm going to have five minutes with my sock now* ac o dipyn i beth byddai pawb yn gwasgaru. Dwn i ddim pa fath o sawdl byddai hi'n troi ond mae gen i gof ei bod yn cael pip ar batrwm papur yn achlysurol. Ond yn *Weldon's Practical Needlework*, cylchgrawn a gyhoeddwyd o 1886 tan 1929 oedd yn trafod gwaith nodwydd o bob math gan gynnwys gwau, ceir sôn am y *Welsh heel* ond ŵyr neb ai sôn am batrwm oedd yn tarddu o Gymru neu am un oedd yn boblogaidd gan y Cymry oedd hwn.

Pan fyddem yn trafod y grefft, dim ond ni'n dwy, byddai Mamgu wastad yn wfftio ei champ ei hun ac yn sôn am ei mam yn gwau â *wain*. Dywedai'r arbenigwyr, mae'n siŵr, nad gweiniau sydd yn y llun ond ffyn, 7 modfedd o hyd. Byddai un pen o'r gweiniau cynharaf oll wedi'i naddu i ffitio siâp y wast. Ond un o'r rhai sydd yn y llun a ddefnyddiai fy hen famgu, a'i galw yn wain, heb yr g-. Fe'i gwisgid ar yr ochr dde wedi'i gwthio i mewn i'r wasband neu linyn ffedog. Byddai'r wallen yn cael ei gwthio i mewn i'r twll sydd yn ei blaen. Gan y gallai'r wain gynnal ei hunan a phwysau'r gwau oedd arni, roedd y llaw dde yn rhydd i weithio yn agos at flaen y wallen. Roedd y llaw chwith hefyd yn agos at flaen y wallen ac yn symud y pwythau ymlaen yn gyflym. Trwy wneud hynny, cedwid y symudiadau yn fân ac yn aml a gellid gwau yn gyflym iawn. Yng ngogledd Lloegr, gallai'r gwragedd, a'r dynion hefyd, a weuai gansys i'w gwerthu, wau dau gant o faglau y funud.

Ni fyddai pawb yn defnyddio wain bren bwrpasol. Defnyddient beth bynnag oedd wrth law, ac yn bwysicach, beth bynnag oedd fwyaf cyfforddus iddyn nhw. Weithiau defnyddid hen hosan wedi'i stwffio â gwellt: byddai'n gysurus ac yn ddigon cadarn i ddal y wallen yn ei lle. Mae sôn am ddefnyddio pluf wedi'i gwasgu'n belen i'r un diben. Gwisgai rhai wregys arbennig i'w dal ond gwnâi darn o linyn yr un tro.

Doedd gweuwyr profiadol ddim yn edrych ar eu gwaith, gallent wau yn y gwyll lawn cystal ag yng ngolau dydd. Y drafferth fwyaf yn y tywyllwch fyddai cael hyd i'r bellen wedi iddi ddisgyn. Ond gwyddai'r gymdeithas hunan-gynhaliol sut i gadw ei hafraid erbyn ei rhaid. I ddatrys y broblem honno, rhoddid rhywbeth fyddai'n cadw sŵn yng nghanol y bellen wrth ei dirwyn. Roedd rhai yn torri darn o gorn gwddwg gŵydd, ei lanw â cherrig mân, a'i gau yn gylch trwy wthio'r pen cul i mewn i'r pen arall. Wedi iddo sychu, câi ei ddefnyddio fel sylfaen i'r bellen. Y peth angenrheidiol wrth wau wrth gerdded oedd peidio â gadael i'r bellen gwympo a baeddu felly roedd yn gyffredin i wisgo bachyn siâp S yn y wasband a chrogi'r bellen wrthi.

Un o'r tasgau nad oedd neb yn ei wneud yn ddi-rwgnach yn ein teulu ni oedd dirwyn gwlân. Roedd hynny yn ei hunan yn dipyn o grefft o'i wneud yn iawn. Roedd rhaid dal y breichiau allan yn syth â'r ddwy law yn sefyll ar eu cant. Wedyn roedd rhaid gosod y gengal ar draws y ddwy â'r bodiau yn sefyll yn syth. Os nad oedd neb i'w gael i ddal y gengal byddai'n rhaid defnyddio dwy gadair gefngefn â'i gilydd. Yn oes Fictoria, roedd cengliadur pwrpasol i ddirwyn edafedd mewn rhai cartrefi, *Sioni Ddirwyn*, neu *Siôn Segur* oedd ei enw yn sir Aberteifi. Roedd un yng nghartref y gŵr ond welodd e erioed mohono'n cael ei ddefnyddio. Roedd hi'n ddyfais a wnaethpwyd ar yr un egwyddor ag ymbarel â'r ffyn yn codi wrth eu gwthio i fyny ac yna'n troi i ddirwyn y gwlân yn bellenni. Roedd naill ai yn sefyll ar y ford neu ar y llawr.

Mae un agwedd bwysig arall ar hanes gwau sanau. Gartref yn Nhredegar, chwaer-yng-nghyfraith Mamgu oedd yr unig un i mi weld yn gwau menig ar gyfer milwyr yr Ail Ryfel Byd. Roedd hi'n gwau â rhyw fath o edafedd oedd yn edrych fel petai o'r un gwead â *bandage* ond *bandage* oedd wedi cael cot o baent sgleiniog. Roedd lawer culach na'r rhwymyn arferol, yn fflat ac o liw hufen dwfn. Defnyddiai weill pren trwchus iawn i'w drafod. Roedd ganddi ddalen o bapur teipiedig yn rhoi cyfarwyddyd. Roedd hi'n bendant yn gwau menig a rheiny'n gallu sefyll ar y ford ac mae gen i syniad eu bod yn gwau sanau oedd yn debycach i fwtsias. Eu gwau oedd hi ar gyfer dynion oedd wedi dioddef llosg tân: dyna'r cof sydd gen i beth bynnag.

Mae'n amheus a fuodd llawer o wau trefnedig ar gyfer Rhyfel y Crimea, 1853-56, er gwaetha'r gred fod yr enw balaclafa i ddisgrifio cap gweu sydd â darnau sy'n cuddio'r clustiau a'r gwar, yn tarddu o'r capiau a wisgai milwyr Prydain yn Balaklava yn y rhyfel hwnnw. Ond yn ystod Rhyfel y Boeriaid, 1898-1902, roedd menywod o bob oed yn gwau sanau i'r milwyr. Roedd llawer ohonynt wedi gorfod dysgu gwau am y tro cyntaf erioed cyn y gallen nhw gyfrannu at y llwythi o sanau, sgarffiau, helmedau, a darnau i amddiffyn padell y benglin, a anfonid i faes y gad. Ond pan ddaeth y milwyr adref, clywyd ganddynt fod y pethau hyn wedi cael eu taflu ar draws rhai o laswelltiroedd De Affrica am nad oedd cymaint o'u hangen yno yn y tywydd poeth ag oedd yn ffosydd rhewllyd Sebastopol yn rhyfel y Crimea. Serch hynny, roedd eu gwau wedi bod yn gysur mawr i'r gwragedd pryderus gartref.

Sbardunodd y Rhyfel Byd Cyntaf ferched o bob oed i wau. Yn wir, roedd cymaint o ruthr fel bod gwau wedi troi yn wallgofrwydd Prydeinig, yn ôl y sôn. Nid gwau ar y ffordd i hôl da, neu â phwn ar eu pennau ar y ffordd i'r farchnad oedd y rhain, ond gwau yn y sinema ac ar fysiau a threnau. Mae llyfrau cofnodion ysgolion yn dangos fod plant hefyd yn gwau i helpu eu tadau a'u hewyrthod oedd yn y rhyfel. Roedd yn gysur i bawb afael yn eu gweill gan obeithio bod eu gwaith yn lliniaru dipyn ar galedi a dioddefaint eu hanwyliaid, a hwythau yn tawelu eu nerfau am gyfnod beth bynnag, wrth iddynt ymgolli yn y gwau. Dywedir fod cymaint o nwyddau gwau wedi cyrraedd Fflandrys nad oedd modd eu gwisgo i gyd ac felly eu bod yn eu defnyddio i lanhau eu gynnau ac i sychu eu cwpanau a'u platiau.

Yn Nadolig 1916, roedd yr anrhegion a anfonodd y Llywodraeth i'r milwyr yn cynnwys tuniau bach o losin, tiwbiau bach o sebon dannedd, a phadiau sgrifennu oedd yn rhy fach i fod o unrhyw iws i'r dynion. Roedd y cynnwys yn siom fawr, felly ysgrifennodd un swyddog at ei dad dylanwadol i ofyn a allai geisio trefnu anrhegion mwy buddiol sef sliperi â gwadnau cryfion, sanau wedi'u gwau â llaw, a rheiny'n fawr am eu bod yn crebachu cymaint yn y chwys a'r glaw. A'r peth arall oedd eu hangen oedd helmedau balaclafa am eu bod mor gysurlon i'r dynion. Allen nhw ddim eu gwisgo yn y ffosydd am eu bod yn cuddio eu clustiau, serch hynny yr oedd angen y cysur ar y dynion.

Erbyn yr Ail Ryfel Byd, roedd gwaith penodol i ferched o bob oed, yn rhan o'r lluoedd arfog a gartref. Roedd hanes yn dangos mai dyletswydd gwraig mewn rhyfel oedd gwau. Cysurwyr oedd y gair a ddefnyddiai'r Ymdrech Rhyfel am y pethau ychwanegol a anfonid o gartref. Gwau *Comforts* oedden nhw: *Comforts for the Troops* oedd eu henw llawn. Bûm yn siarad â rhywun oedd wedi mynd o dŷ i dŷ ym mhentre Llansamlet, ger Abertawe pan oedd hi yn bymtheg oed i gasglu ceiniog y mis gan bob teulu at y *Comforts Fund*. Yr arfer oedd rhannu tref fach neu bentref yn nifer o strydoedd llai a gofyn i ferch ifanc gasglu. Doedd hi ei hunan ddim yn gwau. Ceid arian o'r Gronfa i dalu am y gwlân a brynid o ganolfan leol. Byddai'r gwragedd yn crynhoi yn y capel i wau.

Cynhelid *knitting bee* mewn llawer tref a llan. Daeth yr enw *knitting bee* yn wreiddiol o'r America am fod pawb a ddeuai yno yn brysur fel gwenyn. Yng Nghwmafan, Morgannwg, roedden nhw'n cwrdd yn y *Drill Hall* oedd â phosteri ar y wal i'w calonogi yn eu gwaith. Tynnwyd llun o'r deugain a thair ohonynt, y gwragedd hŷn yn eu hetiau yn gofnod gwych o wragedd y cyfnod. Gweuwyd sanau, *mitts* a sgarffiau: khaki i'r fyddin, eu lliw glas arbennig i'r llu awyr a glas tywyll i'r llynges. Doedd dim angen sgarffiau ar y llynges gan fod rhai gwynion ganddyn nhw yn rhan o'u hiwnifform. Wedi gweld y balaclafas a wneid i'r milwyr, daeth yn ffasiwn ymhlith bechgyn lleol i'w gwisgo hefyd. Roedd fy ngŵr wrth ei fodd yn gwisgo ei falaclafa i'r ysgol. Yr unig dro i mi erioed ddefnyddio'r grefft o droi sawdl oedd wrth weu balaclafa i'r mab pan oedd yn bedair oed. Cefais i bleser mawr o'i wneud ac fe ddwlodd yntau ar wisgo ei gap coch.

Dick Turpin, Tom King ac eraill

Bob nos wrth inni wylio'r teledu, bydd Dick Turpin a Tom King yn edrych lawr arnon ni ond yn rhyfedd, maen nhw dipyn llai nawr na phan oeddwn i'n blentyn. Rhyngddyn nhw, mae cath ffroenuchel yn troi ei thrwyn arnon ni. Ond pan welais hi gynta roedd hi'n dal drws y cefn ar agor yn nhŷ cefnder fy mam. Yma mae hi nawr, cath ddu a gwyn yn eistedd ar glustog las frenhinol. Mae ei smotiau duon wedi'u paentio'n dda ac yn ymestyn dros ei chefn. Ond mae golwg digon crac arni, am nad oes ganddi gymar rwy'n meddwl. Petaen nhw'n bâr mi fydden nhw'n werth arian mawr, am fod cathod yn brin.

Ffigyrau sy'n mynnu ymateb yw delwau swydd Stafford. Y rhain yn fwy na dim fyddai ar y silff ben tân, bwrdd y dresel neu'r cesandrors ar un adeg. Wrth feddwl amdanynt ceisiwch eu gweld, yn llygad eich meddwl, yn y man lle caent eu harddangos. Ym mha drefn fyddai'r teganau hyn? Y cŵn ar bob pen efallai, yna'r canwyllbrennau pres a chloc oedd yn cerdded, neu ornament oedd â wyneb cloc wedi'i baentio arno, neu gastell tseina yn y canol. Byddai'r llinell yn berffaith syth ac yn hollol gytbwys. Dyna oedd y drefn ddigyfnewid.

Y ffigyrau hyn oedd y cyfle cyntaf a gafodd y gweithiwr cyffredin i brynu ornamentau i sirioli ei gartref. Cyn hynny porslen oedd y cwbl a dim ond y cyfoethogion allai eu fforddio. Dechreuwyd cynhyrchu rhai mathau o lestri pridd lliwgar i efelychu ffigyrau porslen y ganrif flaenorol ond digon di-grefft oedden nhw. Ond am y delwau a elwir yn Staffordshires heddiw, maen nhw'n perthyn i'w cyfnod ac yn unigryw. Gellid eu prynu am ychydig docyns mewn ffair a marchnad. Rôn nhw'n boblogaidd dros ben ac yn cael eu gwneud wrth y miloedd.

Maen nhw'n hynod o enillgar a swynol ond petaem ni wir yn sylweddoli'r amodau gwaith oedd ar y rhai a'u gwnaeth, rwy'n amau a fyddem ni mor falch ohonynt. Fel arfer roedd bechgyn yn 8 neu 9 oed yn dechrau yn y ffatri ond roedd rhai yn dechrau gweithio yn 6 oed. Yn ôl Adroddiad Cyflogi Plant mewn Ffatrïoedd, 1842, roedd bechgyn 9 oed yn cynhyrchu 42 o'r ornamentau hyn mewn awr. Gallent weithio 70 awr yr wythnos gan gynhyrchu bron i 3000 ohonynt am gyflog swllt neu ddeuswllt yr wythnos. Doedd dim sôn am wyliau, gallai un plentyn gynhyrchu dros 150,000 o ornamentau mewn blwyddyn. Nid oedd yn anarferol i ddynion gasglu plant o dlotai Llundain a'u cludo i ganolbarth Lloegr i weithio yn y ffatrïoedd.

Gweithio mewn ffatrïoedd bach tywyll fyddai'n cyflogi rhyw ddyrnaid oedd y mwyafrif ohonynt. Pan oedd y chwant am y darnau hyn ar ei uchaf, roedd tua 400 o ffatrïoedd yn diwallu'r angen. Mewn enw, gweithio 11½ awr y dydd oedd y plant ond roedd trefn y crochenyddion o weithio'n ofnadwy o galed am gyfnod ac yna'n gorffwys am ddeuddydd neu dri yn eu gorfodi i weithio'r un oriau hirion â'r crefftwyr ac i fod yn segur am ddyddiau hefyd. Un rheswm pam y gellid prynu'r delwau hyn yn rhad ar y pryd oedd am fod llafur yn rhad. Y rheswm arall oedd am fod y dulliau o'u cynhyrchu yn newydd a chwyldroadol.

Mae'r ffigyrau hyn yn garreg filltir bwysig iawn yn hanes crochenwaith. Cyn hynny, nod pob ffatri a chrochenydd oedd efelychu porslen o ran ansawdd a themâu. Cafodd ffigyrau crochenwaith eu gwneud o 1820 ymlaen. Ond tua'r amser y daeth Fictoria i'r orsedd yn 1837, cafwyd cenhedlaeth newydd o grochenyddion a droes eu cefnau ar fonedd gwlad a chanolbwyntio'n llwyr ar gynhyrchu gwaith ar gyfer trwch y boblogaeth. Dwn i ddim a fuon nhw'n ymchwilio i botensial y farchnad newydd fel y byddid heddiw cyn cychwyn ar unrhyw fenter fusnes, ond fe welodd rhywun ei gyfle a gwnaeth yn fawr ohono. Cynhyrchwyd cannoedd o filoedd o'r darnau lliwgar hyn yn unig swydd i addurno llefydd tân y bobl gyffredin. Gan mai ar y silff ben tân oedd eu lle ym mhob cartref, sylweddolwyd yn fuan na fyddai neb byth yn gweld eu cefnau ac felly nid oedd angen trafferthu i fodelu a phaentio'r cefn. Dyna'r rheswm pam y gelwir *flatbacks* arnynt heddiw.

Cefn gwastad, y tu fewn yn gou, y ffigwr wedi'i fowldio mewn mowldiau plaster o Baris mewn dwy ran, weithiau dair, ac yna'n cael eu hasio at ei gilydd i sefyll ar sylfaen hirgrwn caeedig: dyna nodweddion yr ornament cefn gwastad. Mowldiau a ddyfeisiwyd yn America tua 1830 oedd yn gwasgu'r clai a hynny a'i gwnaeth yn bosibl i gynhyrchu'r ffigyrau wrth eu miloedd, bob un yr un fath. Oherwydd y dechneg newydd hon roedd yn bosibl torri'r costau a'u gwerthu'n rhad. O 1846 ymlaen, gwnaethpwyd y ffigyrau i gyd yn y dull hwn.

Eu lliw sy'n denu pobl atynt. Gallen nhw sirioli yr aelwyd dywyllaf, ac roedd llawer o'r tyddynnod yn dywyll iawn. Roedd y gwaith paent yn feiddgar ac yn syml. Rhoddwyd y lliw glas cyfoethog ar y ddelw cyn iddi gael ei gwydro a'i rhoi yn yr odyn am mai glas oedd yr unig liw oedd yn gallu gwrthsefyll gwres uchel y ffwrn. Mae'r oren, gwyrdd a du, i gyd wedi'u paentio dros y gwydrad, hynny yw ar ôl i'r pot galedu a chymryd sglein yn yr odyn. Dyna pam y gall y lliwiau hynny blicio am na chawsant eu selio yn eu lle. Roedd yr aur a ddefnyddid i roi enw'r cymeriad o ansawdd da ac nid yw wedi rhwbio dim dros y blynyddoedd. O 1860 ymlaen defnyddid llai o liw, a doedd y gwaith paent ddim mor drawiadol. Roedd oes aur y cefnau gwastad heibio erbyn 1870, er bod rhai yn dal i gael eu cynhyrchu tan ddechrau'r Rhyfel Byd Cyntaf.

Nid y dull o gynhyrchu yn unig oedd yn newydd ond hefyd y pynciau a ddarluniwyd. Yn ôl y cymdeithasegwyr roedd gwerin oes Fictoria yn bobl grefyddol, yn sentimental, yn hoff o anifeiliaid ac yn wlatgarol iawn. Roedd y llestri hyn yn ateb eu holl anghenion felly. Bu Fictoria ar yr orsedd am bedwar ugain mlynedd a chafodd naw o blant: yn naturiol cynhyrchwyd cannoedd o bortreadau ohono hi a'i theulu. Mae amrywiaeth eang ohonynt: y frenhines ar ei phen ei hun, gydag Albert neu gydag un o'r plant, yn sefyll neu yn eistedd ar soffa â'r enw mewn aur ar y sylfaen, neu heb enw. Am fod rhain mor boblogaidd, ysgogwyd y crochendai i ymestyn eu cynnyrch brenhinol a chynnwys ffigyrau fel y Tsar Alexander o Rwsia, yr Ymherodr Franz Josef II o Awstria a'r Ymerodres Eugénie o Ffrainc.

Y ffigyrau hyn oedd *tabloids* y dydd. Roedd y gwych a'r gwachul yn cael yr un driniaeth ganddynt. Modelwyd cymeriadau o'r Beibl, seintiau poblogaidd, pregethwyr y dydd, yn eu plith, John Elias o Fôn, Christmas Evans a John Bryan, a Sankey a Moody. Ar y modelau cynharaf o John Elias a Christmas Evans mae'r paent du sydd arnynt yn dueddol o godi ond wedi 1845, cafodd y lliw du ei roi o dan y gwydrad i atal y plicio. Gwnaethpwyd sawl portread o John Wesley a fu farw yn 1791. Roedd fy nhad yn falch iawn o fod yn Wesla felly ryw Nadolig prynais ffigwr o'r gŵr mawr mewn casog gwyn a gŵn ddu yn anrheg iddo. Ond wrth ei weld yn aml sylweddolais mai ffugiad oedd y ddelw. Penderfynais ddweud wrth fy nhad. Doedd hynny'n mennu dim arno, roedd e'n mwynhau ei gwmni. Ond pan welais ddelw o John Wesley yn pregethu o'i bulpud a'r cloc odano, fe'i prynais i goffáu graslonrwydd fy nhad.

Dywedir fod y Fictoriaid yn hoff iawn o gymeriadau brith fel y lladron penffordd Dick Turpin a Tom King. Digwyddodd helyntion y ddau ddihiryn yma rhwng 1735 ac 1739. Roedd y ddau wedi dwyn ceffyl yn Nghoedwig Epping ac wedi mynd ag e i'w werthu yn Llundain. Restiodd yr heddlu King ond cyn iddynt fynd ag e oddi yno, saethodd Turpin at yr heddwas ond yn yr alanas, lladdodd ei ffrind, King. Cafodd Dic Turpin ei grogi yn 1739. Ond yr hyn a roes ail fywyd i'r ddau gan mlynedd yn ddiweddarach oedd troi eu hanes yn nofel ramantus yn 1834. Roedd y ffigyrau hyn ymhlith y rhai mwyaf poblogaidd. Rhain oedd ar gesandrors fy Mamgu. Ai am ei bod yn hoff o ddihirod? Neu am ei bod yn hoff o'u lliw a balchder y ceffylau a'u marchogion?

Coffáwyd Grace Darling hefyd oedd yn un o arwresau'r dydd. Merch goleudy Ynys Farne oddi ar arfordir Northymbria oedd hi. Yn 1838, mewn moroedd tymhestlog iawn, drylliwyd stemar ar y creigiau. Rhwyfodd hi a'i thad yn eu cwch bach, yn ôl ac ymlaen, yn nannedd y ddrycin ac achub pedwar o ddynion ac un wraig. Yr arwres arall a goffáwyd oedd Florence Nightingale. Un o nodweddion pwysig y ffigyrau oedd eu bod yn gyfoes. Câi newyddion y dydd eu fferu mewn clai. Hynny hefyd sy'n eu gwneud yn gam eithriadol o bwysig yn hanes crochenwaith Lloegr. Maen nhw'n nodi diwedd cyfnod pan oedd crochenyddion yn efelychu patrymau a siapiau clasurol neu lestri glas a gwyn o'r dwyrain.

Gallech feddwl fod yr holl grochenyddion yn adnabod y bobl amlwg i gyd. Yr hyn a wnaent oedd astudio'r printiau a geid yn y *London Illustrated News* ac ar gloriau copïau o gerddoriaeth. Gan na allai'r gweithwyr ar y cyfan ddarllen nac ysgrifennu roedd y lluniau papur hyn yn bwysig iawn iddyn nhw. O dipyn i beth, byddai newyddion y dydd yn treiglo i lawr o'r gwestai gweddol grand i'r tai tafarnau lle roedd y gweithwyr yn yfed ac yn difyrru'r amser. Unwaith i ryw ddarlun afael yn nychymyg y crochenydd gwnâi bot, weithiau gan ddilyn print a welodd neu o'i ben a'i bastwn ei hun.

Mae un darn, 10¼" o uchder, wedi'i wneud yn 1850, sy'n gymharol brin, wedi'i baentio'n gelfydd â phob un o liwiau swydd Stafford. Mae twll yn y rhan uchaf oll i gadw watsh. O gwmpas y twll mae llen oren sy'n troelli'n hardd i waelod chwith y ddelw. O dan y twll, mae angel yn gorwedd yng nghanol torch o ddail gwyrdd a blodau rhosbinc. O dan hwnnw, mae baban yn cysgu yn ei grud, godre ei ddillad yn las a'r bodis yn oren. Ar y gwaelod un, mae blaidd marw yn gorwedd ar gefndir melynfrown, ac yn sefyll ar y dde, yn dalog a ffroenuchel, mae Gelert. Mae torcalon y stori yn ennyn cydymdeimlad pob cyfnod.

Nid Gelert oedd y ci pwysicaf yn ffatrïoedd gogledd Lloegr chwaith, y sbaniel smotiog oedd hwnnw. Yn ei lyfr *This Way Southward*, mae A F Tshiffely oedd yn deithiwr enwog yn y 1940au, yn cofnodi'r hyn a welai yn nhai'r Cymry yn y Wladfa: *During my visit to different houses and cottages,*

I almost invariably saw curious white china dogs on the mantlepieces. They had red noses and on their bodies were painted golden stars, and their spaniel ears were also fringed with gold. Apparently these china dogs were cherished relics dating back to the first settlers. Gwelodd fod enw'r cynhyrchydd odanyn nhw: *made by Sampson Smith, Loughton* (sic) *1851.* Aeth y fintai i Batagonia yn 1865 gan fynd â'u trysorau gyda nhw. Ambell waith marciai Sampson Smith ei waith ag SS. Os oes gennych bâr tebyg mae gennych drysor. Eithriad cynnar oedd Sampson Smith gan mai ychydig iawn iawn ohonyn nhw gafodd eu marcio. Dywedai'r crochendai mai Cymru, Yr Alban, a gorllewin Lloegr oedd eu marchnadoedd gorau am gŵn a bod y fasnach wedi para am hanner can mlynedd. Câi'r ffigyrau eu cario ar hyd camlas y Shropshire Union i Gymru, ffordd ddiogel a chyflym o gludo nwyddau.

Er iddynt fodelu bron bob brîd o gŵn oedd yn hysbys, y sbaniel oedd y mwyaf poblogaidd o ddigon. Croesiad oedd y cŵn go iawn rhwng ci Malta a sbaniel y Brenin Siarl a'r enw a roid arnynt oedd Cysurwyr. Eu hunig swyddogaeth oedd cynhesu arffed y boneddigesau a harddai'r soffa ac i fod yn gwmni iddynt. Cysurwyr i ferched oedden nhw.

Gellid prynu'r cŵn tseina hyn mewn pum maint gwahanol. Defnyddid y mwyaf ohonynt sef 18 modfedd, yn aml i ddal drws: y lleiaf oedd 6 modfedd ond y maint mwyaf poblogaidd oedd 9 modfedd. Roedd rhyw hanner dwsin o smotiau arnynt, yn ddu, gwyrdd, llwyd, gwinau neu lystr. Gwinau oedd y lliw mwyaf poblogaidd. Mae bob un ohonyn nhw yn sefyll yn dorsyth. Y trwyn a'r llygaid sy'n rhoi cymeriad unigryw i bob pâr. Câi rhai eu paentio'n gywrain iawn nes bod eu llygaid yn fyw: cannwyll ddu yn erbyn cefndir melyn. Mae'r dull o baentio'r smotiau yn amrywio hefyd. Mae smotiau'r mwyafrif wedi'u paentio â sbwng, ond mae'r rhai cynharaf wedi'u paentio â brws gan ddefnyddio 4 neu 6 o strôcs i ffurfio un smotyn, a brws tenau i ddangos blew cwrlog y ci. Roedd y clo clap aur a'r gadwyn yn disgyn dros y frest ac yn ôl am y cefn yn un o'i nodweddion amlycaf. Roedd coesau'r rhai cynharaf oll wedi'u mowldio'n grwn ac yn gyfan, ac yn sefyll ar wahân i'r corff. Gyda'r rhai cyffredin, mae'r coesau wedi'u mowldio yn rhan o'r corff.

Yr oedd rasio a chwrso milgwn yn hobi cyffredin ac anfarwolwyd rhai o'r enillwyr. Er bod eu campau wedi mynd yn angof, mae enw ambell un wedi'i ddal ar ddarn o lestri pridd. Un ohonynt yw *Pretender* a enillodd Cwpan Waterloo ym 1871. Mae lliw hynod ar y milgwn, rhai yn oren i ffugio'r lliw naturiol, ar sylfaen werdd: eraill yn ddu drostynt. Mae amrywiaeth fawr yn eu maint a'u hosgo: rhai yn fawr ac yn sefyll yn dalsyth, eraill yn fach â thwll yn y cefn i ddal pen, eraill â brwgaits yn codi y tu ôl iddynt i ddal sbils. Milgwn oedd yr ail yn y siart poblogrwydd.

Ci hela poblogaidd iawn oedd y dalmatian, ci gwyn a smotiau duon. Dywedir bod eu safiad yn anatomegol gywir a'r modelwyr gorau yn unig oedd yn cael eu gwneud. Safant yn gŵn balch a'u hysglyfaeth yng ngheg y ci sy'n edrych i'r dde ac wrth draed ei gymar. Mae'r cŵn hyn yn llawn cymeriad a'u pennau yn bictiwr o waith llaw. Un peth diddorol am y glaswellt a'r twmpathau sydd o gwmpas eu traed yw'r modd y ffurfiwyd y twmpathau. Câi'r clai ei wasgu trwy hidl er mwyn iddo wahanu a sefyll fel twmpath. Dyma'r dull a ddefnyddid hefyd i wneud côt gnotiog y pwdls bach neu'r ddafad anarferol. Y dalmatians oedd yn ei lordio hi ar gesandrors Mamgu.

Pethau bob dydd oedd y ffigyrau. Rwy'n rhyw feddwl ein bod ni yn rhoi mwy o barch iddyn nhw nag y cawson nhw erioed. Mae rhywbeth bach yn bod ar bob un o'r rhai a etifeddon ni. Wrth ddweud hynny, rwy'n gwneud cam a'r sbaniels, mae'r rheiny'n gryf a chadarn. Doedd dim byd y gellid ei dorri arnyn nhw am eu bod wedi'u modelu'n gyflawn. Ond roedd pethau bach yn cael eu hychwanegu at lawer ohonyn nhw, a rheiny sy'n cael eu torri. Er enghraifft, am y dalmatians, mae'r ddau gi wedi colli bob o glust sef y darnau oedd yn uchel neu yn rhwydd i glwtyn afael ynddyn nhw.

Roedd gan fy mam yng nghyfraith dair iâr, wedi'u modelu'n ofalus a'u paentio'n gelfydd, a phob un yn wahanol. Mae un yn ddu i gyd heblaw am smotiau gwynion ar ei chefn ac ymylon aur i'w chynffon a'i hadenydd. Mae'n eistedd ar nyth cochfrown. Mae'r llall wedi'i phaentio gan artist mewn lliwiau tywyll sy'n amrywio yn ei dyfnder. Gallaf edmygu'r drydedd ond ni allaf ei hoffi ond hon yw'r un arbennig, rwy'n siŵr. Mae'n iâr goch ac yn dipyn o fadam, yn ffroenuchel ac yn gwybod ei bod yn fam dda. Mae'n eistedd ar 6 o gywion sy'n awyddus iawn i weld y byd, ac mae un arall ar ei chefn. Dywedir taw dal wyau oedd eu pwrpas. Mae'r tiwrîn yma yn gopi o un a wnaed gan grochendy Chelsea mewn porslen tua'r flwyddyn 1750. Tiwrîn yw'r enw Saesneg arnynt am eu bod yn ddysgl â clawr. Gwnaed rhai ar siâp cwningen, eraill yn sgwâr â sardîns ar y clawr. Rwy'n taeru na welais i erioed y tiwrîns ieir yma yn y de-ddwyrain.

Mae un peth arall y dylid ei ddweud. Mae ffugiadau lu i'w cael o bron bob un o gymeriadau Staffordshire. Mae'r rhai mwy diweddar yn amlwg iawn ond mae rhai digon twyllodrus i'w cael hefyd. Gwyliwch rhag y craciau mân sy'n ffurfio sgwariau bach unffurf bron, yn enwedig os ydyn nhw'n llawn llwch. Mae'n syndod cyn lleiad o graciau sydd ar yr hen rai. Mae'r rhai sydd arnynt yn ffurfio llinellau hir neu sgwariau mawr: ac maen nhw'n lân. Dydyn nhw ddim yn llychlyd. Mae'r llwch wedi cael ei ychwanegu er mwyn inni feddwl eu bod yn hen.

Roedd cyfnod yn y 1940au pan gafodd llawer o ffugiadau eu gwneud. Cafodd rhain eu gwneud trwy wneud mowld o'r darn gwreiddiol gorffenedig. Byddai gwres yr odyn wedi gwneud i'r rhain gywasgu sy'n golygu eu bod rhyw ddegfed rhan yn llai na'r gwreiddol.

Cafodd eraill eu gwneud yn China yn yr 1980au. Mae pob peth amdanyn nhw'n rong. Eu lliw yn rhy olau ac mae'r llygaid yn hollol estron. Os ydych chi, fel ninnau, wedi cael eich twyllo gan y ffugiadau, yr unig gysur yw bod y calla'n colli weithiau.

Gwin y gwan

Aeth ffrind â mi i Cheltenham am dro ryw ddydd Sadwrn ac yn un o'r marchnadoedd gwelsom belen wydr solet a thrwm iawn ac arni'r geiriau *Ellis's Ruthin Waters*. Doedd gen i ddim defnydd i'r peth ond roeddwn i am iddo ddod adref i Gymru. Ac yma y mae, mewn rhyw focs, o olwg pawb.

Nid pelen mohoni chwaith. Mae ei chopa wedi'i gwastatáu ac yn y canol mae pant dwfn crwn i gadw matshys: mae'r ochr allanol yn arw fel bod modd tanio matshen arni. Doedd dim bocsys bach twt i ddal matshys pryd gwnaethpwyd hon, a thybiai llawer o gwmnïau eu bod yn rhoi gwasanaeth yn ogystal â hysbysebu eu cynnyrch eu hunain wrth gyfrannu'r gwrthrych hwn i'w roi ar ford tafarn. Mae gweddillion lliw glas ar y llythrennau. Byddai wedi bod yn amhosibl peidio â sylwi ar yr enw oedd arno â'r matshys yno at iws pawb. Doedd dim rhaid i'r tafarnwr dalu amdanynt gan fod y bragwyr yn ystyried y tafarnau yn llefydd da i hysbysebu ac yn gobeithio y byddai'r cwsmeriaid yn cofio'r enw. Roedd jygiau dŵr pridd y cwmni, yn aml a'u hanner uchaf yn frown a'r isaf yn felyn â'r geiriau *Ellis Table Water Jug* hefyd yn gyffredin.

Dilynais sawl trywydd wrth geisio olrhain hanes y stondyn matshys a chyrraedd wal ddiadlam bob tro. Ond wrth chwilio yn *Y Faner*, Ionor 12fed 1870, am rywbeth arall, gwelais yr hysbyseb hon: *The Ruthin Soda-water Company Ltd. Manufacturers of the celebrated Ruthin soda water, Champagne Lemonade, Seltzer Water, Potass Water and Aerated Ginger Beer.* Yr oedd y marc masnach yn fawr: gafr wyllt rhwng dwy genhinen a'r geiriau *GWLAD RYDD A MYNYDD I MI*: y cyfeiriad oedd Cambrian Works, Ruthin. Ond doedd yr enw Ellis ddim i'w weld yn unman.

Symudodd fy llygad at y dudalen nesaf ac yn y golofn gyntaf, yn llai o faint na'r llall yr oedd yr hysbyseb hon: *PURE AERATED WATERS Crystal Springs*: o dan y geiriau yr oedd llun gafr a thair pluen a *CYMRU AM BYTH* yn cael eu dilyn gan restr o'u dyfroedd, yr un rhai â'r uchod, gan ychwanegu *Potass Water For Gout … is a splendid remedy. Every cork is branded R. Ellis and Son, Ruthin.* Gwerthid y dyfroedd hyn gan fferyllwyr, gwestai, cyffeithwyr a chyfanwerthwyr. Yr oedd dwy ffatri bop, fel y gelwid nhw ar lafar, felly yn gwneud yr un cynnyrch yn Rhuthun a'r ddwy yn tynnu eu defnydd crai o ffynnon fawr oedd o dan y dre.

Ni allaf ymatal rhag dyfynnu hysbyseb arall a welais yn yr un papur.

Newydd da i bawb. Gwybodaeth sydd nerth. Os dymunwch gadw eich iechyd, y mae gwybodaeth tuag at ei sicrhau yn hanfodol. Os ydych yn parhau yn afiach er gwneud ymdrech i gael adferiad iechyd, pa beth ydyw yr achos? Dim ond hyn – diffyg gwybodaeth am y pwnc. Mae'r geiriau yn hysbysebu *Pelenau llysieuol adferiadol WORDELL KAYE*. Mae'n enghraifft wych o'r hysbysebion a gafwyd ar ddiwedd y bedwaredd ganrif ar bymtheg: uniongyrchol, moel, yn taflu honiadau ysgubol atoch.

Ar ddiwedd y ganrif honno a dechrau'r ugeinfed, roedd llawer o bobl yn gyfarwydd â chri'r rhai oedd yn gwerthu o ddrws i ddrws. Y gwerthwr eli, er enghraifft: *Eli Treffynnon welliff yn union/Welliff pob clefyd ond clefyd y galon* (tor-calon) a lleisiau'r pysgotwyr yn crwydro'r pentrefi i werthu eu helfa: *Penwaig Nefyn, penwaig Nefyn/Bolia fel bolia tafarnwrs/Cefna fel cefna ffarmwrs.* Roedd yr hen werthwyr pennog yn deall y grefft o hysbysebu i'r blewyn: gosodiad plaen i ddechrau, wedyn ceisio codi gwên a gorau oll os oedd rhyw sigl neu odl i wneud y geiriau'n gofiadwy. Roedd gwerthwyr calch hefyd yn mynd o fferm i fferm a phob un ohonynt â phennill neu rigwm yn tystio i ragoriaeth eu nwyddau. Dyna oedd y dull cynharaf un o hysbysebu: tynnu sylw at eu cynnyrch, yr ansawdd a'r pris afresymol o isel. Roedd clywed lleisiau'r gwerthwyr o bell yn arwydd fod y tymhorau yn newid a phobl yn falch o'u gweld yn dod i'r buarth gan obeithio fod ganddynt stori neu ddwy yn ogystal â chalch neu eli.

Ymddengys fod cwmni *R. Ellis and Son* a sefydlwyd yn 1825 yn gwmni blaengar. Roedd ganddynt asiant yn Llundain, sef W Best & Sons, Henrietta Street, Cavendish Square. Hwn, mae'n rhaid, a drefnodd fod y cwmni yn hysbysebu yn *The Graphic* tua 1891. Symudiad craff oedd cael asiant yn Llundain oherwydd dyma'r amser pan ddechreuwyd cynhyrchu papurau dyddiol fyddai'n cylchredeg trwy Brydain oll. Cyn hynny roedd y papurau yn fwy lleol, er enghraifft y *Western Mail* a'r *Liverpool Daily Post*. Y gŵr a ddaeth yn ddiweddarach yn Arglwydd Northcliffe oedd yr un a welodd fod mwy a mwy o gwmnïau preifat yn cynhyrchu o dan eu henwau eu hunain ac mai eu hangen mwyaf oedd am fannau i hysbysebu eu cynnyrch. Penderfynodd droi tudalen flaen ei bapur newydd, y *Daily Mail* a gyhoeddodd yn 1896, yn dudalen hysbysebu. Sylweddolodd hefyd os oedd am wir lwyddiant roedd yn rhaid iddo ddenu marchnad newydd, y dosbarth canol is a'r crefftwyr. Yr unig ffordd i wneud hynny oedd gwerthu ei bapur ef yn rhatach. Pan oedd pob papur arall yn gwerthu am geiniog neu ragor gostyngodd ef bris y *Daily Mail* i ddimai, a chododd nifer ei ddarllenwyr dros nos.

Yn rhifyn Mehefin 27ain 1891 o'r cylchgrawn *The Graphic*, cymerodd *Ellis's Table Waters* dudalen lawn o hysbyseb. Mae'n baentiad o forwyr ar fwrdd llong, yn paratoi i anelu gwn mawr. Ar fwrdd amdiffynnol du y gwn mae'r geiriau ELLIS'S RUTHIN WATERS. Ar y môr draw, mae tair llong hwyliau, ac yn ôl siâp yr hwyliau yn edrych fel petaen nhw wedi dod o'r dwyrain; ar hwyl un ohonynt mae'r gair TYPHOID ac ar y llall IMPURE WATER. Roedd teiffoid yn un o'r heintiau na ellid ei rheoli. Yn ôl y gyfraith, os oedd rhai morwyr ar fwrdd llong yn dangos arwyddion o'r dwymyn, nid oedd hawl gan y llong honno i ddod yn agos at borthladdoedd Prydain. Byddai cleifion oedd yn cario'r haint yn cael eu hynysu ar longau yn y môr am ddeugain niwrnod. Mae'r morwyr sydd ar long *Ellis's Table Waters* yn saethu dŵr pur y cwmni atynt er mwyn eu gwella.

Roedd cael cyflenwad o ddŵr pur yn un o broblemau mawr oes Fictoria. Gyda'r Chwyldro Diwydiannol a'r cyfleoedd newydd, dechreuodd pobl fudo i gael gwaith a rhagor o gyflog. O ganlyniad, roedd poblogaeth cymunedau yn dyblu a'r amodau byw a gweithio yn gwaethygu. Roedd y cyflenwad dŵr a charthffosiaeth yn ddifrifol o annigonol gan arwain at afiechydon a thorri iechyd. Cynddrwg oedd purdeb y dŵr fel bod pobl yn teimlo ei bod yn saffach i yfed cwrw. Daeth hynny â phroblemau gwahanol yn ei sgil.

Treuliais flwyddyn yn Llundain yn y 1960au, ac yng ngorsafoedd y trên tanddaear roedd hysbyseb anferth yn codi o'r platfform at uchder to crwm y twnel yn tynnu sylw at *Lemonade IDRIS*. Doeddwn i erioed wedi clywed enw'r cwmni na gweld y ddiod ar werth yn unman ond efallai nad oeddwn yn mynd i'r mannau iawn oherwydd bu Idris yn cyflenwi *Royal Table Waters to H.M. the King*. Doeddwn i ddim chwaith wedi clywed am y mathau o ddŵr roedden nhw'n eu cyflenwi: *Seltzer Water and Lithia Water* yn ogystal â *Soda Water*, a phob mathau o ddiodydd dialcohol eraill.

Cymro o weledigaeth a blaengaredd oedd yn gyfrifol am gynhyrchu'r cwbl. Ganed Thomas Howell Williams yn sir Benfro yn 1842 a bu farw yn Highgate, Llundain yn 1925. Aeth i ysgol Tavernspite lle y dysgodd Saesneg yn rhugl, yn ôl yr hanes. Ond daeth i glustiau ei dad oedd yn flaenor gyda'r Bedyddwyr fod ei fab wedi gorfod dysgu Holwyddoreg yr Eglwys yn yr ysgol; a dyna ddiwedd ar addysg ffurfiol y mab ac yntau'n 12 mlwydd oed. Anfonwyd ef i Drefynwy lle roedd ewythr iddo yn ddilledydd ond oherwydd rhyw gamddealltwriaeth rhyngddynt dihangodd y bachgen oddi yno heb wybod i ble yr âi. Cofiodd fod ganddo gefnder oedd yn gemist yng Nglyn Ebwy. Cafodd loches yno a chyfeiriad i'w fywyd gan iddo ddarganfod yno y ddawn a fyddai'n goleuo gweddill ei fywyd. Y cof am ei dad yn gorfod gweithio deupen y dydd a'i ganol i gadw'r blaidd o ddrws ei ffarm fach oedd yn ei yrru i lwyddo. Roedd cofio amdano yn hunllef iddo a phenderfynodd na fyddai byth yn ddyledus i neb.

Fel llawer gŵr ifanc o'i gyfnod bu'n rhaid iddo fynd i Lundain i wneud ei ffortiwn, a'i enw da. Dŵr pur i bawb oedd ei nod mewn bywyd erbyn hyn. Agorodd ei brif waith dŵr yn Camden Town; dywedwyd amdani mai hon oedd y ffatri dŵr mwynol lanaf a mwyaf cyflawn yn y byd. Roedd ganddo hefyd ganghennau yn Lerpwl, Southampton a Chaergaint.

Roedd T.H. Williams, a fu hefyd yn Aelod Seneddol, yn feistr dyngarol a gredai mewn rhannu ei elw â'i weithwyr gan roi cyfran o stoc y cwmni iddyn nhw. Yr oedd ef ynghyd â Joseph Rowntree o Gaer Efrog ac Edward Cadbury o Birmingham yn un o ymddiriedolwyr pentref gardd, a godwyd yn Letchworth yn 1903. Dyma'r Pentref Gardd cyntaf erioed. Ymateb i lygredd a gorboblogi yn sgil y Chwyldro Diwydiannol oedd y pentrefi hyn. Cyfyngwyd ar eu maint a gofalwyd fod tir glas o'u hamgylch. Un diffiniad ohonynt oedd man lle mae'r dref a'r wlad yn cyfarfod. Gwerthai Idris lawer o'i gynnyrch i'r dafarn ddialcohol oedd yno, man lle câi dynion chwarae sgitls a biliards, neu droi am dawelwch yr ystafell ddarllen ac ysgrifennu.

Roedd rhai o boteli dŵr Idris yn arbennig â phatrwm o ffrwythau wedi'i wasgu i mewn i'r gwydr; yn aml roedd y botel yn ddrutach i'w chynhyrchu na'r cynnwys. Defnyddiodd boteli pridd hefyd a rhoddai'r gwerthwr ychydig docyns yn ôl pan fyddai rhywun yn dychwelyd y botel. Defnyddir yr enw Idris o hyd wrth farchnata diod. Yn 1909 câi *Idris Fiery Ginger Beer* ei hysbysebu yn rhaglenni theatrau Llundain. Mae'n dal ar werth, ond mewn tun. Britvic a brynodd y cwmni yn 1987 sy'n ei gynhyrchu nawr.

Erbyn 1902, rhoddai'r Bwrdd Addysg bwyslais ar ymarfer corff i gryfhau'r cyhyrau a'r esgyrn ac i gadw'r corff a'r meddwl yn iach i geisio gwrthsefyll heintiau. Pwysleisiwyd rhan yr unigolyn wrth geisio cadw ei hunan yn iach. Bu fy Mamgu ar hyd ei hoes yn berwi wermod lwyd a gasglodd ar y tir diffaith tu ôl i'r tŷ, i newid y gwaed meddai hi, yn y gwanwyn. Yr oedd oglau mor ddychrynllyd arno fel na allai neb arall ei stwmgi er iddi geisio ein denu yn aml i gymryd llwnc ohono. Asiffeta oedd un o'r moddiannau a ddefnyddid amlaf yn y gogledd, os gwir y straeon a glywir. Mae'r gŵr yn dal i gofio gorfod llyncu dropyn ohono mewn llond ecob o lefrith. Ych a fi, medda fe.

Ond mae gen i botel arall, potel Oel Morris Evans & Co. Bu llawer o siarad a sbortan am y ffisig hwn ar un adeg yn fy mywyd pan oeddwn yn un o griw hwyliog *Heddiw*, a chedwais y botel rhag y domen i goffáu y dyddiau difyr hynny. *Horse Sheep & Cattle Oil Festiniog* sydd wedi'u gwasgu i mewn i'r gwydr ac ôl yr olew tywyll anfarwol ynddi o hyd. Yn ôl y fytholeg, byddai dynion hefyd yn cymryd joch ohono. Sylwais fod potel debyg yn ein meddygfa ni, ond wrth holi'r meddyg ni wyddai ddim amdani ond dywedodd y byddai un o'i gleifion hŷn, bob tro y byddai'n rhaid iddo fynd â sampl o'i ddŵr i'w brofi, yn dod ag ef mewn potel hen. Yr oedd hanner dwsin o boteli, bach a mawr, lliw a di-liw ar y silff yn gofeb iddo.

Mae stori Morris Evans yr un mor ramantus ag un T.H. Williams. Ef oedd yr ieuengaf o ddeuddeg o blant. Yn ddeg oed aeth i weithio yn y chwarel ond yr oedd â'i fryd ar fynd yn filfeddyg. Oherwydd ei hoffter o geffylau, dechreuodd arbrofi â pherlysiau ac olew llysiau nes cael hyd i'w feddyginiaeth gyntaf ar gyfer anifeiliaid. Ymddengys ei fod wedi dechrau ei gynhyrchu yn fasnachol o gwt yng ngwaelod yr ardd, yn nechrau'r 1870au. Tystiai'r Swyddfa Ryfel a syrcas Lord John Sangster i effeithiolrwydd yr olew.

Yn ddiweddarach, cynhyrchodd feddyginiaeth i bobl hefyd a'r geiriau *Gellir hefyd ei gymeryd yn fewnol* ar y poteli. Honnid y gallai'r *household oil* hwn wella pob clwy; llosg haul, anwydon a'r gwynegon. Ei gyngor oedd rhwbio'r olew ar y mannau poenus a pheidio â bwyta bwyd melys na startslyd. Mae ei daflenni hysbysebu yn werth eu gweld. Nid oedd arno ofn ganu ei glodydd ei hunan. Ymhyfrydai yn ei *remarkable successes. Backed by hundreds of testimonials*. Ni chafwyd cymaint o sôn amdano yn y de er i un wraig y bûm i'n siarad â hi ryw led feddwl fod rhywun yn mynd o dŷ i dŷ yn ei werthu yng Nghwm Tawe, pan oedd hi'n ifanc. Gellid prynu'r *great Welsh remedy* yma mewn siopau groser a fferyllfeydd ledled Prydain am 1/6. y botel fach. Os nad oedd siop gerllaw gellid ei gael trwy'r post o'r *Manufactory, Ffestiniog, North Wales*.

Yn Llanelli wedyn, ymhyfrydai'r cemist Gwilym Evans mewn hysbysebu yn Gymraeg: *Quinine Bitters Gwilym Evans, meddyginiaeth lysieuol berffeithiaf yr oes* a geiriau'r hysbysebion yn y wasg Gymraeg wedi'u gosod ar siâp diamwnt neu botel moddion, costrel yn iaith yr hysbyseb. Agorodd ei siop gemist yn 1870 ond erbyn 1888 roedd wedi rhoi'r gorau i'w fusnes a chanolbwyntio ar gynhyrchu *Quinine Bitters*. Yn gyffredinol, cymysgedd o berlysiau a lemwn wedi eu cymysgu mewn gliserîn neu alcohol oedd *quinine*. A hyn a'i gwnaeth yn enwog ac yn gyfoethog iawn.

Yr hysbyseb mwyaf cyflawn imi ei gweld oedd yn nhre Pwllheli. Mae'n fater o ddadl rhwng y gŵr a fi a welais i'r siop erioed, mae'n dadlau mae llun o'r siop a welais ond fyddai'r un llun erioed wedi gadael y fath argraff arna'i. Siop Richard Evans oedd hi a'r enw gogoneddus arni mewn llythrennau aur oedd ADFERLE. Meddyg esgyrn oedd Richard Evans yn wreiddiol a ffenestr y siop yn llawn o bob mathau o ddarnau o blastig pinc wedi eu mowldio i ffitio gwahanol rannau o'r corff, a gwregysau i'w rhwymo amdano. Sefais yn syn o flaen y ffenestr: wyddwn i ddim fod y fath lefydd yn bod.

Mwynhau mwgyn

Pan wela'i res o bobl ifanc, haf a gaeaf, tu fas i adeilad rhwysgfawr yn tynnu ar eu ffags, darlun gwahanol iawn sy'n dod i'm meddwl i. Rwy'n gweld fy hen ewythr yn defnyddio ei gyllell boced i naddu baco main yn flewiach mân i roi yn ei bib. Wedi llanw'r bib, cymerai sbilsen bapur newydd roedd ei wraig wedi'i gwneud, o'r *Radio Times* rwy'n meddwl, a'i gosod mewn pot wrth ochr ei gadair fel bod dim rhaid iddo fe symud fodfedd, ac estyn am fflam o'r tân i'w chynnau. Mae'n anodd disgrifio'r sŵn a wnâi smygwr wrth geisio cael ei bib i dynnu: mae'n eithaf tebyg i sŵn cusanu, ac wedi pacio'r baco yn dynnach a'i fys, byddai'n eistedd nôl yn ei gadair a drachtio'n hir a buddugoliaethus ohoni. Ymhen dim, byddai wedi plygu ymlaen unwaith eto i garthu ei wddwg a phoeri'n union i lygad y tân os byddai lwc. Os na fyddai, clywid ei boer yn sisial ar farrau haearn y grât. Ond roedd y pleser a gâi o'r holl berfformans yn amlwg ar ei wyneb pan bwysai nôl yn ei gadair i fwynhau ei fwgyn. Er gwaethaf ei fwynhad e, rali fawr a gâi f'ewyrth gan ei wraig am smygu baco main yn y tŷ ond os oedd y *Bondman*, sef y baco shag, wedi dod i ben pa ddewis arall oedd ganddo? Y peth gwaethaf ganddi hi oedd gweld y sudd du yn crynhoi ar ei wefusau ac yng nghornel ei geg.

Mwgyn y gweithiwr cyffredin ar ddiwedd y bedwaredd ganrif ar bymtheg, yn ŵr ac yn wraig, oedd y bib glai a byddai f'ewyrth ym mhedwardegau'r ugeinfed ganrif, mewn argyfwng, yn smygu hen stwmpyn o bib glai yn y tŷ, oherwydd yn ôl y rhai sy'n deall mwgyn, mwgyn pib glai oedd y gorau un. Yr oedd yn *lovely cool smoke* yn ôl fy nhad oedd yn smygu pib bren, am fod gwres y tân yn mynd i mewn i'r clai. Byddai'r fowlen yn gorboethi ond byddai'r mwg a gyrhaeddai'r geg yn oerach ac yn sychach o'r herwydd. Yr anfantais oedd fod y goes glai yn dueddol o lynu at y wefus. Ond efallai taw anfantais i'r gwyliwr yn hytrach na'r smygwr fyddai hynny.

Cafodd W. Jones-Edwards ei eni yn 1896 a'i fagu gan ei famgu a'i fodryb. Yn *Ar Lethrau Ffair Rhos* mae'n disgrifio'n wych o soniarus yr hyn y methais i ei wneud. Gwylio Magi Blaenesgair yn smygu pwtyn bach byr o bibell glai a honno'n ddu fel y pentan a wnâi e. *Ringer's Shag* oedd ei mwgyn hi. Roedd e wrth ei fodd yn ei gweld yn tynnu ar ei phibell *nes bod ei bochau yn pantu yn ôl a blaen gyda phob tyniad a'r crest yn cratsian yn y bibell*. Yng Ngwynedd, byddai smygwyr go iawn yn gwrando am sŵn fel mewian cath fach yn dod drwy'r goes. Yr oedd hynny'n arwydd ei bod yn tynnu'n foddhaol, a bod smôc bleserus i ddilyn.

Yn y dyddiau pan oedd y dynion i gyd yn smygu pib glai, gallai smygwr cymhedrol ddefnyddio chwe phib mewn wythnos. Roedd rhain yn torri'n rhwydd a'r darnau i gyd yn cael eu taflu i'r llawr. Ond roedd digon i gael a'r tafarnau yn eu rhoi am ddim. Er taw pibau coes hir fyddai'n cael eu smygu ar un adeg, roedd yn well gan y gweithiwr cyffredin bib coes fer y gellid ei chario yn y boced. Yn y cyfnod cynnar roedd gan y gwneuthurwyr pibau falchder yn eu gwaith ac yn rhoi marc cyfrin arnyn nhw. I'r bobl a allai eu fforddio, daeth powliau wedi'u cerfio ar siâp pen dyn neu anifail yn boblogaidd iawn. Yn haenen isaf tomen crochendai Bwcle, cafodd y bobl a fu'n cloddio'r safle yn y 1950au weddillion pibau clai gyda'r priflythrennau TH ac IH ar sawdl y fowlen. Llwyddon nhw i olrhain y priflythrennau i deulu o wneuthurwyr pibau yn yr ail ganrif ar bymtheg a'r ddeunawfed ganrif, sef Thomas Heys a John Heys. Fe fu hen bwll glo yn agos at safle'r crochendy ac roedd yn arferiad gan lowyr i stwffio eu pibau a'u matshys i ryw gilfach ddirgel wrth iddynt agosáu at y pwll, a'u tynnu ar y ffordd adref.

Cyn sôn rhagor am y pibau, rhaid imi sôn rhywfaint am y baco a smygwyd. *Franklin's Shag* oedd dewis fy Nhadcu a hwnnw oedd y cryfaf yn ein hardal ni, yn ôl y sôn. Ond roedd pobl Môn wrth gwrs yn smygu baco a wnaethpwyd ar yr ynys. Wedi'i ganoli ar Amlwch, trin dail baco at smygu oedd un o brif ddiwydiannau Ynys Môn o ganol y bedwaredd ganrif ar bymtheg tan ddechrau'r ugeinfed ganrif. Roedd yno dri chwmni o bwys yn gwneud cymaint ag wyth gwahanol fath o faco pib: E. Morgan & Co a wnâi *Baco'r Aelwyd, Baco'r Byd, Taffy Twist, Pride of Wales Light Shag, Hen Wlad* ac eraill; E. Morgan Hughes a wnâi *Baco'r Cymro, Gelert Shag* a *Baco Amlwch*. Huw Owen a wnâi *Young Wales* a *Baco'r Werin* a oedd, yn ôl yr hysbyseb, yn *Shag diguro, at gnoi neu smocio*. Roedd gan gwmni E. Morgan benillion hysbysebu, a phwysleisia un pennill o *Hen Wlad* Edward Morgan rinweddau meddygol baco:

At buro awyr sylwch
A lladd clefydau coeliwch
Ni cheir drwy'r byd, does neb a wad
Fel mwg Hen Wlad o Amlwch.

Câi baco ei werthu yr adeg yna mewn rholyn papur oedd yn ddigon hawdd ei gario yn y boced, ond byddai rhai yn ynys Môn yn smygu baco melys a geid mewn blocyn, wedi i rywrai ei gael gan longwrs.

Roedd Llannerch-y-medd, wedyn, yn enwog am ei snisin. Dyna'r unig fasnach oedd yno. Dail baco wedi'u malu yw snisin. Ychwanegwyd sbeis neu berlysiau at y powdwr weithiau i ychwanegu at ei arogl. Gelwid yn llwch trwyn neu bowdwr trwyn. Rhoi dipyn ohono ar gefn y llaw a'i ffroeni, dyna sut y cymerwyd snisin. I lawer, roedd yn arferiad brwnt am iddo adael ei ôl ar y trwyn a'r bysedd ac ar y dillad hefyd. Dyna pam y daeth yn ffasiwn i gario hances snisin arbennig, nid un wen ond un frown neu batrymog. Roedd ambell un yn gweld ei hunan yn dipyn o lanc yn gwneud rhyw berfformans o gwhwfan ei hances o dan ei drwyn. Erbyn 1846, roedd snisin *dried toast Welsh Lundyfoot*, alias Llwch Mân Llannerch-y-medd yn *snuffed by connoiseurs* trwy Brydain oll, *superior to Lundy's Own*. Diflannodd cyn 1885.

Daeth y bibell bren i ddisodli'r bibell glai. Daeth y cetyn ceirios i Brydain gyntaf adeg Rhyfel y Crimea yng nghanol y bedwaredd ganrif ar bymtheg. Ond brenin y pibau oedd y meerschaum a elwid yng nghymdogaeth Nantgarw, Morgannwg yn bib dramor. Gair Almaeneg yw meerschaum a'i ystyr yw ewyn y môr, ond nid ewyn y môr wedi caregu yw meerschaum chwaith. Yn ei ffurf naturiol, mae'n digwydd yn dalpiau llwydwyn o garreg ar lannau'r Môr Du. Ond wrth i'r bib gael ei smygu, mae'n melynu a hynny yn gwneud iddi edrych fel amber. Ei rhinwedd arall oedd ei bod yn hawdd ei cherfio ac fe welir rhai pibau addurnedig iawn. Daw'r rhai a gesglir heddiw o tua 1830 i 1860. Patrwm cyffredin iawn oedd crafanc eryr yn gafael yng ngwaelod y fowlen. Er i'r un yn y llun gael cnoc rywdro, mae'r ffaith ei bod yn ei chas shagrîn gwyrdd sy'n ei ffitio fel maneg yn ei gwneud yn ddarn gweddol dderbyniol. Croen morgi yw shagrîn. Pibau gwŷr bonheddig oedden nhw ac yn malu'n rhwydd.

Syr Walter Raleigh a gafodd y clod, a bellach y bai, am ddod â thybaco i Brydain. Pan aeth ef a'i gymheiriaid i sefydlu trefedigaeth Virginia yn 1584, yr oedd y brodorion yn defnyddio baco i dawelu'r meddwl yn ystod eu defodau crefyddol ac i dorri eu hawydd am fwyd. Methiant oedd menter Raleigh ac o fewn dwy flynedd daeth y trefedigaethwyr i gyd yn ôl. Ond roedden nhw wedi magu archaeth at smygu a daethant a'u baco a'u pibau nôl gyda nhw. Yn fuan roedd pob gŵr, gwraig a phlentyn yn smygu. Wedi marw Elizabeth I, daeth James I i'r orsedd yn 1603. Roedd e'n casáu smygu â chas perffaith ac un o'i weithredoedd cyntaf oedd codi'r dreth ar faco yn arswydus. Ceisiodd fygu'r arfer gan dynnu sylw at yr arian a wariai bob teulu ar faco. Ond trwy Ewrop i gyd, lledodd yr arfer fel tân gwyllt a phobl yn llwgu eu hunain er mwyn cael arian baco. Ond y digwyddiad a wnaeth i smygu ledu ar gymaint o wib yn Lloegr oedd y Pla Du a fwriodd Llundain yn 1665. Dywedir i fechgyn Eton gael gwys i smygu pibellaid bob bore gan dybio y byddai mwg y baco yn diheintio'r awyr o'u cwmpas.

Erbyn 1830, roedd ystafell arbennig yn y Tŷ Cyffredin wedi'i neilltuo ar gyfer smygu. Daeth hynny'n arferiad cyffredin mewn adeiladau cyhoeddus. Wrth wneud hynny, ceisid cyfyngu'r mwg i un ystafell. Ar ddiwedd y bedwaredd ganrif ar bymtheg, daeth yr ystafell smygu yn noddfa i ddynion. Yno y gwisgent eu siacedi a'u capiau smygu rhag i'r oglau dreiddio i'w dillad a'u gwallt, a'u hamgylchu eu hunain a thrugareddau smygu: jariau baco, bocsys i gadw sigârs a thaclau i'w torri a'u cynnau. Wn i ddim ai fel yna roedd hi yn nhai tafarnau Cymru ond fe welir y geiriau *Smoking Room* wedi eu hysgythru i mewn i un o'u ffenestri o hyd.

Er i rai eu defnyddio fel bocsys snisin, bocsys a ddefnyddiodd y glowyr i fynd â tsho o faco dan ddaear yw'r blychau bach pres. Roedd cnoi baco neu ei gadw yng nghil y foch yn cynyddu'r poer yn y geg a hwnnw'n cymysgu gyda'r llwch du ac yn cael ei boeri. Roedd y poer yn tynnu nicotîn pur o'r baco. Roedd T Wilson Evans, yn ysgrifennu yn 1983, yn cofio cyngor ei dad ar y diwrnod cyntaf iddo fynd i bwll y Caldu Mawr: *Cadwa dy ben i lawr, a gafael yn dynn yn dy jo baco.* Roedd ei *jo* mor bwysig i'r coliar â'i focs bwyd a'i stên de. Roedd y ceffylau hefyd yn cael tsho i waredu llyngyr.

Y bocsys bach hyn yn y cymoedd glo, beth bynnag, yw'r pethau sydd ar ôl mewn drôr ar ôl gwaredu eiddo a chlirio tŷ. Does neb am eu taflu ond does neb chwaith yn gwybod beth i wneud â nhw. Cefais i dri bocs bach gan gymdogion oedd yn y sefyllfa yma. Mae un yn grwn ond mae'r ddau arall yn siâp a fyddai'n llithro'n daclus i boced wasgod wrth fynd â tsho danddaear. Caent eu gwneud yn aml gan ofaint y pwll: mae'r un crwn yn hollol blaen, mae un o'r lleill wedi'i stampio ag enw'r perchennog T. DAVIES, ac odano mae ei waith, LANDER a'r dyddiad 1873. Mae'r llall yn grandiach; mae colyn yn cysylltu'r clawr a'r gwaelod a hynny'n ei wneud yn fwy diweddar. Mae patrwm o sêr o gwmpas yr ymyl, mae ôl patrwm afalau hefyd ond ei fod wedi treulio. Cafodd ei wneud yn 1902 yn Abertawe a Frank Lamprey oedd ei berchen. Ychydig iawn o bethau câi'r coliar fynd gydag e dan ddaear ac roedd gan rai falchder mawr yn eu bocsys bach. Mewn damwain ddrwg yn y pwll, y bocs baco oedd y peth cyntaf y chwiliwyd amdano er mwyn adnabod y corff.

Mae yma bâr o esgidiau pres bach a brynsom flynyddoedd yn ôl. Maen nhw'n bethau twt gyda dwy res o ddotiau bach yn dangos ôl y nodwydd wrth wadnu'r esgid a rhesaid arall yn cau'r esgid â llygaid a charrai. Dim ond wrth estyn y rhain yn ddiweddar, sylweddolodd y gŵr fod y boced fflat, cul sydd ar gefn yr esgidiau yn flwch i gadw matshys.

Er bod rhai hen fenywod yn smygu pib glai, dyfodiad y sigaret a chanlyniadau rhyfel a ddenodd merched at smygu. Roedd rhai sigarets ar ddiwedd y bedwaredd ganrif ar bymtheg yn cael eu hysbysebu fel *Cigarettes for Ladies*. Defnyddid yr ochr gadarnhaol i'w hysbysebu. Yn ogystal â phuro'r awyr roedden nhw'n help i fenyw golli pwysau.

Roedd un darn yn ein tŷ ni oedd yn wahanol iawn ei arddull i bopeth arall oedd yno. Doeddem ni ddim yn ei weld na'i ddefnyddio yn aml iawn, mae'n wir, am mai'r rŵm ffrynt oedd ei le a ninnau ddim yn defnyddio'r ystafell honno'n aml iawn. Ei gael yn anrheg briodas a wnaeth fy rhieni ac roedd ganddynt barch mawr ato am y rheswm, rwy'n meddwl, ei fod yn beth steilus y pryd hynny, ac yn dal i fod felly. Soser lwch crôm yw hi â pheth i ddal blwch matshys yn y canol. Ond mae ar goes hir goch, a honno'n sefyll ar droed crôm sy'n grwn ac yn risiaog, fel oedd both olwyn car ar un adeg. Mae'n Art Deco o'i chorun i'w sawdl.

Erbyn dechrau'r ugeinfed ganrif, daeth casglu cardiau sigarets yn hobi i fechgyn ifainc. Pan ddechreuwyd gwerthu sigarets yn wreiddiol, caent eu gwerthu mewn pecyn o bapur tenau a darn o gardfwrdd ynddo i'w cadw rhag niwed. Yr Americanwyr oedd y cyntaf i sylweddoli fod y papur caled yn gyfle gwych i hysbysebu a thua 1885 dechreuodd W.D.& H.O. Wills o Fryste roi llun ar y cardiau ac aeth bechgyn ifainc yn wyllt amdanynt. Roedd y cyfresi cynnar yn dangos brenhinoedd a breninesau a gwladweinwyr. Ar y cefn roedd gwybodaeth am y bobl: nes ymlaen cafwyd cyfresi am olffwyr, awyrennau, blodau gwyllt, sut i nofio a phob carden yn ychwanegu at wybodaeth gyffredinol y casglwr. Mae'r rhai cynnar yn ddrud iawn erbyn hyn ond mae setiau yn y tŷ hwn fydd yn gorfod aros am gan mlynedd arall cyn daw eu tro nhw i fod yn gasgladwy ond y maen nhw'n enghraifft dda o'u pwysigrwydd fel ffynhonell gwybodaeth gyffredinol i fechgyn ifainc ar y pryd.

Wain a ddefnyddiai fy hen famgu i wau sanau

Dirwyn gwlân oedd gwaith y Siôn Segur

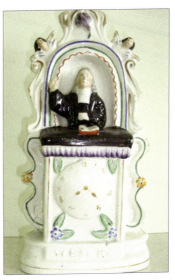

Yr Efengylwr

Lladron penffordd

Un o'r ieir mwyaf lliwgar

Daliwr matshys yn hysbysebu Ellis's Ruthin Waters

Meddiginiaeth orau Cymru?

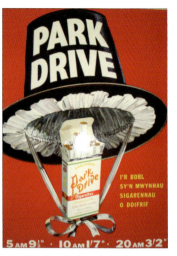

Dŵr gorau Prydain?

Hysbyseb drawiadol iawn

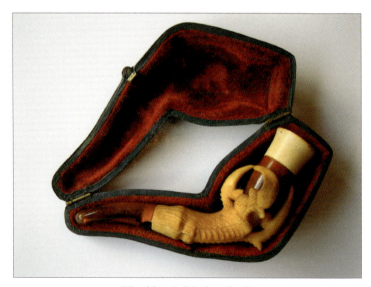

Pib addurniadol o'r cyfandir

Bocsys baco'r coliar

Esgidiau pres i ddal matshys

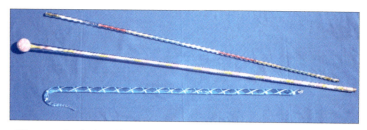

Ffyn gwydr, rhai yn llawn 'hundreds and thousands' a'r hiraf ohonynt yn 40 modfedd

Rholbren glas Bryste

Gwnaed cyfres o'r platiau melyn hyn yn ystod y Rhyfel Byd Cyntaf

To the Cherished Memory of

ENGLAND'S

Gallant Munition Girls

Who bravely did their duty, working and singing from morning till night, making shells for Tommy and Jack, and helping to win the war. They laid down their lives for King and Country, JULY 1st, 1918, and they could do no more. Sadly missed by all who knew and loved them.—" Peace, Perfect Peace."

A sudden change—they in a moment fell,
They had not time to bid their friends farewell,
Death quickly came—without a warning given.
And bid them haste to meet their God in Heaven.

Composed by Pte. G. McDonnell, discharged soldier.

Wilson, & Son, Printers, Glasshouse Street.

Cerdyn a fyddai ar werth yn fuan wedi'r ddamwain mewn ffatri arfau

Cerdyn coffa cyfarwydd iawn

Un o'r powdrau wyneb cynharaf

Popeth sydd ei angen i gadw'r ewinedd yn daclus

Powdwr, minlliw a sigarennau, y cyfan mewn casyn smart

Potel bersawr: Art Deco ar ei gorau

Het fy mam

Gemwaith onglog rhad y tri degau

Llestri cywrain Susie Cooper

Plât Carltonware a dderbyniodd fy rhieni yn anrheg briodas

Mwclis yn lliwiau trawiadol y cyfnod

Broetsh lucite *o'r pum degau*

Enghraifft o waith cynnar Lea Stein

Roedd gan hon gi gwyrdd yn gyfaill iddi ond aeth ar grwydr rywdro

Companion set *yn lle aden gwydd i lanhau'r aelwyd*

Set frecwast nodweddiadol o'r chwedegau

Llestri a werthwyd yn Woolworth's

48

Hen Ffon fy Nain?

Does neb o'n nheulu i wedi rhoi ei bwys ar y ffyn gwydr hyn. Eu prynu mewn siopau hen bethau yn sir Gaernarfon wnaethon ni. I ddweud y gwir, welais i erioed mohonyn nhw nes imi ddechrau mynd i'r gogledd yn rheolaidd. Mae eu hyd yn amrywio ac maen nhw'n braffach na'u golwg er mai addurn yn unig ydyn nhw.

Mae'r un sydd o liw glaswyrdd golau â rhuban hir o enamel gwyn yn cordeddu drwyddi yn ddeg modfedd ar hugain o hyd ac yn culhau at y gwaelod. Câi'r ffyn hyn eu gwneud o wydr potel am fod y dreth ar wydr clir yn afresymol o uchel rhwng 1745 a 1845, ac yn isel ar wydr potel. Roedd y poteli cynharaf oll yn ddu neu yn briddaidd. O 1800 ymlaen, amrywia'r lliw gwyrdd o emrallt i felynwyrdd i laswyrdd; dyna natur y gwydr a ddefnyddiwyd i wneud poteli yr adeg honno. Dibynna dyfnder lliw y gwydr ar ei drwch.

Mae rhan braffaf y ffon yn reit drwchus. Mae teimlad hyfryd iddi ac mae'n canu'n dda. Mae yn bwysig i roi tap ysgafn â'ch ewin i glywed cân darn o wydr. Os yw hi'n groch, mae nam yn y darn yn rhywle. Mae ôl paent lliw hufen ar waelod hon ond mae'n dal yn gyfan, ac mae hynny'n beth prin, am ei bod wedi hongian uwch ben y lle tân, yn ddigon pell oddi wrth hwrli bwrli bywyd bob dydd. I'r llygad, mae'n reit lyfn ond wrth ei chwarae yn y dwylo, gellir clywed rhigolau bas arni, ac o'i dal yn unionsyth yn erbyn y golau gellir eu gweld hefyd. Ôl y rhuban gwyn yw'r rhain. Mae'r rhuban ei hun yn gul gul ond mae trwch y gwydr yng nghoes y ffon yn gweithio fel chwyddwydr gan beri iddo edrych yn fwy. Un rhuban gwyn wedi'i droi unwaith sydd yn hon ond yn ddiweddarach, ceid rhai â rhubanau coch a glas ynddynt wedi eu troi fel pleth. Mae'r rhuban enamel yn fwy cyfarwydd mewn coesau gwydrau gwin ar ddiwedd y ddeunawfed ganrif.

Sut crewyd yr effaith yma? Gwydrwyr Fenis a ddyfeisiodd y llinynnau gwyn a gweithwyr gwydr o'r Eidal a ddaeth â'r grefft i Loegr. Daethant yno ar gynllun cyfnewid gwaith gan ddysgu'r grefft i'r gweithwyr lleol. Gelwir yr arddull yn *latticinio*, gair sy'n deillio o'r Eidaleg *latte*, llaeth. Os oes gennych ryw fasn siwgr gwyn, neu iâr ar nyth sy'n edrych fel tseina ond sy'n debycach i wydr o ran teimlad a sŵn, gwydr llaeth yw hwnnw, ond mae'r rheiny'n ddiweddarach ac wedi'u gwneud mewn mowldiau. Yr un yw'r dull o wneud ffon a choes gwydryn gwin. Ei sylfaen oedd roden blaen o wydr, un feddal a gweddol fyr. Wedyn cordeddwyd rhuban tenau o wydr enamel o amgylch y roden a'i rholio ar ford bwrpasol er mwyn i'r enamel suddo i mewn i'r gwydr. Yna câi'r roden ei thynnu a'i hymestyn gan ddau ddyn yn cerdded gefngefn oddi wrth ei gilydd. Roedd gwneud enamel yn grefft i arbenigwyr. Câi ei werthu mewn blociau siâp bricsen i'w droi yn gâns tenau, byr ac yna'n rhubanau. Y câns byr hyn sy'n sylfaen i'r patrymau hardd a lliwgar a welir yn y pwysynnau papur casgladwy iawn. Defnyddir yr un egwyddor wrth roi enw tref, Pwllheli dyweder, yn yr inja roc a werthir ym mhob tref glan môr.

Mae'n syndod yr amrywiaeth o ffyn sydd ar gael. Mae rhai wedi'u troelli fel siwgwr barlys, eraill yn hollol blaen. Un o'r rhai difyrraf yw'r rhai lle mae'r gwydr wedi'u chwythu nes bod y goes hir a'r bwlyn crwn yn y pen arall yn gou, ac wedi eu llenwi â losin siwgr mân mân, a elwid yn *comfits* ar y pryd (*cwnffet* yn Gymraeg) a *hundreds and thousands* heddiw. Mae'r losin wedi'u trefnu mewn bandiau dwy fodfedd o hyd mewn gwahanol liwiau. Y peth anhygoel yw fod y losin wedi cadw eu lliw yr holl flynyddoedd hyn a'u bod yn dal yn eu lle a hynny am fod y corcyn mor dynn yng ngwaelod y goes fel na all yr awyr eu cyrraedd. Addurn neu *ornament* oedd y ffyn. Nid *ornament* oedd y gair a ddefnyddiwyd chwaith. Y gair Saesneg i ddisgrifio'r pethau hyn yn wreiddiol oedd *toys*, tegan yr un fath â *teganau ffair*. Mae Pantycelyn yn sôn am *holl deganau'r ddaear hon* ... Yng Ngwynedd, mae'r darnau bach o tseina a gasglai merched i'w defnyddio wrth chwarae tŷ bach yn cael eu galw yn tegins.

Pwy fyddai'n eu gwneud? Prif waith tai gwydr oedd cynhyrchu gwydr i wydro ffenestri. Felly'r dybiaeth ar un adeg oedd mai gwaith prentisiaid neu ddifyrrwch crefftwr mewn munud segur yw'r ffyn: modd i gael newid o'u gwaith bob dydd ac i arddangos gwahanol agweddau o'u crefft. Yr enw a roddwyd arnynt ar un adeg oedd *friggers*. Mae rholbrenni, peli gwrachod a phibau na châi eu smygu, yn y dosbarth hwn hefyd. Ond yr oedd gwneud gwydr yn fusnes masnachol a chystadleuol a'r crefftwyr gorau yn ennill arian da. Roedd hi'n ddiwrnod deuddeg awr y dydd, chwe niwrnod yr wythnos ac yn flinderus iawn. Gan fod y dreth ar wydr yn arswydus o uchel hyd at 1845 yr oedd pob pwys ohono'n werthfawr i'r perchnogion. Mae'n anodd credu y bydden nhw'n caniatáu i'w gweithwyr gael llawer am ddim. Gan fod cynifer ohonynt ar ôl, prin mai yn fympwyol y caent eu gwneud chwaith. Mae eglurhad arall mwy credadwy. Fe'u gwnaethpwyd ar ddiwedd shifft er mwyn defnyddio'r gwydr tawdd oedd dros ben. Dyna hefyd pryd y gwnaethpwyd pethau buddiol i'r cartref, potiau cadw a phowlenni. Potel neu jar oedd yn cadw popeth gan gynnwys te a halen, yr adeg yma.

Ond gwnaethpwyd rholbrenni gwydr i'w defnyddio yn y gegin. Wedi'u gwneud o wydr tawdd solet yn wreiddiol, o 1790 ymlaen roedd y rhan fwyaf ohonynt yn gou. Byddai un pen o'r rholbren yn agored fel bod modd i'r wraig neu'r forwyn ei lenwi a dŵr oer oer a chau'r pen â chorcyn cyn iddi drin y toes. Roedd fy mam yn defnyddio'r un dull yn y 1950au. Os nad oedd ei rholbren wrth law, roedd hi'n llenwi potel â dŵr oer a'i chau yn sownd.

Mae tuedd i alw pob darn o wydr glas cyfoethog yn *Bristol Blue*. Ond pwy allai wahaniaethu rhwng glas a wnaethpwyd ym Mryste neu mewn tŷ gwydr arall? Roedd yn rhaid mewnforio'r *smalt*, sef ffurf wydrog o ocsid cobalt oedd ei angen i wneud gwydr glas, o'r Almaen. Bryste oedd yr unig borthladd a allai ei fewnforio. Y canlyniad oedd fod pob ffatri oedd am wneud gwydr glas yn gorfod prynu'r elfen bwysicaf oddi wrth yr un marsiandïwr ym Mryste. Dyna pam y cafodd yr enw *Bristol Blue*. Saith milltir sydd rhwng Bryste a Nailsea ac mae canmol mawr wedi bod ar wydr Nailsea ond yn ôl y dystiolaeth archaeolegol dim ond gwydr ffenestri a wnaethpwyd yno. Does dim tystiolaeth o gwbl eu bod wedi defnyddio gwydr lliw. Ond bellach y mae Nailsea wedi mynd yn derm generig am wydr lliw brith.

Mae hanes Tŷ Gwydr Nailsea ei hun yn un digon diddorol. Agorodd yn 1788 pan benderfynodd R.A. Lucas, gwneuthurwr seidr, fod angen poteli o siâp newydd i ddal ei ddiod. Yn wreiddiol defnyddiodd wydr o liw oedd bron yn ddu. Ond yn 1792, daeth Edward Homer, oedd yn beintiwr enamel, ato a chynnig y syniad o addurno ei wydr i wneud pethau syml i'r cartref. Daeth y ddau at ei gilydd a dyfeisiwyd gwydr Nailsea oedd yn frith fel plu. Ond nid oedd yn frith o'r un lliwiau bob tro gan ei fod yn arferiad i dai gwydr pan fyddai talp mawr o wydr dros ben i'w werthu neu ei gyfnewid â thŷ gwydr arall. I wneud gwydr brith, taenwyd darnau o wydr o liwiau gwahanol ar garreg y gwydrwr a'u lapio mewn gwydr gwyn a'r gwyn felly yn gwneud cefndir y darn. Y cam nesaf oedd chwythu'r gwydr i'r siâp angenrheidiol. Byddai'r bwlau neu'r dolenni ar y darnau brith fel arfer o wydr clir, plaen neu wedi'i droelli. Erbyn 1830, roedd y fentr yn llwyddiannus iawn a'r gwaith yn ymestyn dros bum erw o rostir. Rhoesant y gorau i wneud pethau bob dydd a chanolbwyntio'n gyfangwbl ar bethau ffansi.

Daeth rholbrenni yn deganau poblogaidd. Gwnaethpwyd llawer ym Mryste ond roedd tai gwydr yn agos i borthladdoedd gogledd Lloegr hefyd, a'r geiriau ar eu rholbrenni nhw yn berthnasol i bysgotwyr a morwyr. Roedd llongau glo a badau yn teithio yn ddi-ball o borthladdoedd Sunderland, Newcastle a Hull i Dover a Portsmouth. Roedd rholbrenni yn rhan o'u llwyth a châi gweithwyr y llongau eu gwerthu am arian cwrw. Caent eu hysbysebu fel *Sailors' Lucky Charms* neu *for hanging in ship's cabin*. Yn aml, roedd enw a llun y llong arno a geiriau fel *Be true to me* neu rai i godi'r ysbryd cenedlaethol fel *Peace and Plenty*. Unwaith i'r morwr fynd i'r môr, byddai'r rholbren yn cael ei osod uwchben ei wely crog gan obeithio na fyddai'r un yn cael ei falu neu gallai ryw drychineb ofnadwy ddigwydd. Meddyliwch am y saith mlynedd o anlwc oedd i fod i'n dilyn ni yn blant pan fyddem yn torri drych.

Dyw ansawdd gwydr byth yn dirywio, gall dorri'n chwilfriw ond mae ei liw yn dal mor ffresh a swynol ers y dydd y chwythwyd ef. Gogoniant gwydr lliw plaen neu streipog yw ei fod yn ddigyfnewid. Ni fwriadwyd i rai ohonynt gael ei llenwi erioed: mae bwlyn crwn ar un pen ac ôl y gyllell a ddefnyddiwyd i dynnu'r rholbren oddi ar y pontil ar y pen arall. Dros y blynyddoedd, mae'r gwaith paent ar y rhai a addurnwyd wedi dechrau rhwbio. Y rhai gwaethaf eu gwedd erbyn hyn yw'r poteli a wnaed yn rhad o wydr clir ac a gafodd gôt o blaster gwyn y tu fewn iddyn nhw. Rhwng y plaster gwyn a'r gwydr mae lluniau papur o rosynnau neu geriwbiaid a oedd ar un adeg yn lliwgar ond sydd erbyn hyn yn ddi-raen a thruenus. Caent eu rhoi fel arwydd o gariad wrth ffarwelio: weithiau yn llawn rŷm, oedd fel arall yn anghyfreithlon, i gysuro'r morwr ar ei fordeithiau hir. Roedd y negesau a'r lluniau'n amrywio; llong a phennill cariadus weithiau: *If you loves I as I loves you / No pair so happy as we two* neu *For My Mother* neu *Forget me Not* ac weithiau rhoddid dyddiad y briodas.

Wrth i'r diwydiant twristiaeth ehangu, gwelodd y tai gwydr gyfle i ehangu'r farchnad â theganau bach rhad. Daeth y farchnad hon yn dra phwysig. Rhwng 1830 ac 1860, daeth y rholbrenni gwynion yn gofrodd boblogaidd o wyliau glan môr, *A Present from Pwllheli* er enghraifft. Erbyn diwedd y ganrif, dirywiodd eu poblogrwydd am byth.

Roedd dinasoedd fel Bryste a Newcastle yn cynnal gorymdaith flynyddol pan fyddai holl gwmnïau masnachol y ddinas yn cerdded, â'r gwydrwyr yn eu harwain. Roedd yn gyfle i bob cwmni ymffrostio yn ei lwyddiant â'r gwneuthurwyr gwydr yn garfan gref a swnllyd o'r gweithlu. Ymhyfrydent mewn arddangos pob peth roedd yn bosibl ei wisgo neu ei gario: hetiau pluf gwydr a chadwyni gwydr yn eu hetiau ac am eu gwddwg, a hyd yn oed fand â'r offerynnau i gyd yn wydr. Byddai'n gystadleuaeth pwy allai wneud y greadigaeth mwyaf anhygoel oedd eto yn gyfan. Roedd y dynion gwydr a'u teuluoedd yn byw yn agos i'r gwaith. Dywedir bod eu gerddi yn ddigon o sioe â phelen o wydr lliw ar ben polyn yn yr ardd yn llewyrchu'r haul. Ond ei phwrpas, medden nhw, oedd cadw unrhyw ystryw neu swynion a fwriwyd arnynt gan bobl a âi heibio. Cawsant eu hadnabod fel peli gwrachod.

Mae'n syndod y defnydd oedd ar rolbrenni clir cyffredin. Yn nechrau'r bedwaredd ganrif ar bymtheg roedd y dreth ar halen yn uchel iawn. O ganlyniad, roedd gwraig y tŷ yn ofalus ohono. Câi'r rholbren llawn halen ei hongian yn llorwedd yn y simdde fawr i'w gadw'n sych, ac o afael y morynion. Weithiau caent eu llenwi â phwys o de a'u rhoi yn anrheg briodas gan fod te yn ddrud iawn. Roedd rholbren safonol yn 15 modfedd o hyd a dwy fodfedd o ddiamedr ac yn dal union bwys o de. Mae Kate Davies yn *Hafau fy Mhlentyndod* yn sôn am de: *Yn y 19 ganrif, prynwyd te, fel popeth arall mewn jar neu botel. Roedd tun yn rhy ddrud a doedd y cwsmer ddim yn hoff o gardfwrdd. Teflid y rhai gweigion i'r afon neu'r domen.*

Pan symudodd fy rhieni dŷ yn chwedegau'r ugeinfed ganrif, fe fynnodd hen wraig mai hi fyddai'n rhoi'r halen. Nid mympwy oedd hyn ar ei rhan, roedd yn bwysig iddi ac fe drefnodd hynny wythnosau cyn iddyn nhw symud. Doedd fy mam ddim i fod i brynu halen na mynd â dim gyda hi, dim ond rhodd o halen wnâi'r tro. Mae halen yn gysylltiedig a phurdeb a glendid yn ogystal â blas, eto mae'n anodd gwybod beth oedd union ystyr y rhoi mwy na rhyw gymhelliad hen iawn a dwfn yng nghyfansoddiad y rhoddwr.

Mae llawer o ofergoelion yn gysylltiedig â halen, ambell un yn gyffredin o hyd: taflu halen dros yr ysgwydd chwith â'r llaw dde wedi colli peth ar y ford, er enghraifft. Mae hyn yn dod â fi at y rheswm pam mae gennym ffyn gwydr, rhai bron yn llathen o hyd, wedi'u lapio mewn papur newydd yn yr atig. Ar un adeg, roedd gan y gŵr ddiddordeb mawr mewn ofergoelion yr aelwyd. Yr enw ar y ffyn hyn yn y tŷ gwydr lle caent eu cynhyrchu oedd ffyn gwrachod, a phe torrid ffon wrth ei gwneud ystyrid hynny'n arwydd gwael. Yn y cartref, pwrpas y darnau yma, a'r peli gwrachod gloyw yn y ffenest, fe ddywedir, oedd tynnu sylw'r wrach a'i dallu wrth iddynt ddisgleirio yn y golau. Wrth i'r bêl symud yn dawel, câi holl gynnwys yr ystafell ei adlewyrchu yn ei dro, a'r bêl oedd yn denu pob afiechyd ati yn cadw'r teulu'n iach. Wrth i'r gwragedd sychu'r ffyn bob bore, y gred oedd y byddai pob drwg yn diflannu gyda'r llwch. Magodd y ffyn sy'n llawn *hundreds and thousands* chwedl unigryw, sef y byddai'r wrach yn rhy brysur yn rhifo'r holl beli bach i wneud niwed i neb. Cyn iddi orffen cyfrif, fe ddeuai hanner nos neu ganiad y ceiliog, a byddai'n rhaid iddi ffoi.

Beth yw gwreiddyn y coelion? Ŵyr neb ond y mae'n wir fod teuluoedd yn amharod iawn i werthu'r teganau hyn – rhag ofn.

Defodau Galaru

Wrth fynd ar wyliau i rai o wledydd Ewrop, un peth sy'n rhoi teimlad dwfn imi yw gweld y darn o wal, ym mhob pentref a thref, a neilltuir i gyhoeddi angladdau. Mae'r cyhoeddiad yr un fath i bawb: darn o bapur caled gwyn rhyw 12" x 8" ac iddo ymyl ddu lydan. Mae croes ddu ar frig y ddalen ac yna fanylion yr un fu farw, ac fel arfer enwau'r teulu agos, weithiau rhestrir y nithod a'r neiaint hefyd, ac amser a lleoliad yr angladd. Yn y blynyddoedd diwethaf, gwelir ambell hysbysiad ag ymyl werdd iddo a seren yn lle croes yn nhraddodiad y Moslemiaid. Ar yr awr benodedig, bydd y pentrefwyr i gyd yn cerdded y tu ôl i'r arch i'r eglwys. Yn fy nhref enedigol ym mlaenau'r cymoedd, y capeli fyddai'n taenu'r wybodaeth am farwolaeth ac wrth fynd i'r dre am neges fyddai pobl yn sefyll i siarad ac yn cael yr hanes felly. Ond yn ddiweddar, heb gymdeithas a chefnogaeth y capeli, mae trefniadau angladdau i'w gweld ar forden y tu faes i'r siop flodau.

Yr oedd hi'n arferiad yng Nghymru tan yn gymharol ddiweddar i anfon gwahoddiad i angladd. Mae'r gŵr yn dal i ddifaru yn ei enaid fod ei fam wedi gwaredu bocs mawr oedd yn llawn o wahoddiadau. Byddai'r bocs hwnnw yn gofnod o'r holl bobl roedd y teulu yn eu hadnabod dros y cenedlaethau. Wrth i'r oes newid, a llai o amser rhwng amser marw ac amser claddu, aeth cardiau gwahodd yn brinnach. Roedd y Frenhines Fictoria a'i deiliaid y tu hwnt o faldodus yn eu galar. Roedd hi'n gyfnod o arddangos emosiynau. Mae llawer iawn o stwff sy'n ymwneud ag allanolion galar o'r cyfnod ar ôl o hyd. Roedd hefyd yn gyfnod o grynhoi a chasglu eiddo, ac o ddangos cyfoeth, a'r ddwy wedd yn cyd-blethu mewn galar.

Argraffid y cardiau coffa bach ar ôl bob angladd, rhai 4½" x 3" ag ymyl ddu fyddai'n nodi enw'r ymadawedig, dyddiad ei farw a man ei gladdu ac fel arfer bennill, weithiau o waith aelod o'r teulu neu fardd lleol. Ond un o'r arferion mwyaf diddorol imi oedd y cardiau coffa a marwnadau wedi'u hargraffu i roi ar y wal fel llun a welais i gyntaf yng nghartref y gŵr. Un o argraffwyr mwyaf unigryw y cardiau hyn oedd William Edwards o Gaerfyrddin. Mae un o'i gardiau bach o 1849 yn dangos darlun inc o angel yn chwythu utgorn. Mae'r manylion am y farwolaeth yn Saesneg ond mae'r adnod yn Gymraeg ac roedd hynny'n ddigon cyffredin: *Mi a ymdrechais ymdrech dêg, mi orphenais fy ngyr-/fa, mi a gedwais y ffydd. Tim/W.Edwards Lammas St Carmarthen.*

Yn rhyfedd iawn mi fum yng Nghaerfyrddin yn ddiweddar. Ac yno, ar werth, gwelais rywbeth na welais erioed o'r blaen. Nid carden goffa ar gardfwrdd oedd hi ond un a groesbwythwyd mewn edau ddu ar gynfas, yr un fath â sampler. Roedd yn hirgul â'r fframyn pren du yn codi yn bigyn, yn debyg i garreg fedd. Roedd yn dilyn trefn carreg fedd: *In Loving Remembrance of ...* yna'r enw, enw'r ffarm a'r dyddiad: *Died November 25 1876 Aged 29 yrs* ac yna adnod Gymraeg ingol: *Yr Arglwydd a ostyngodd fy nerth ar y ffordd a byrhaodd fy nyddiau.*

Wrth feddwl am hyn, cofiais am gerrig beddi fy nheulu i yn Nhredegar, lle mae'r rhan ffurfiol yn Saesneg a'r adnod yn Gymraeg, yr un un ar bob bedd: *Mi a ymdrechais ...* Mae pob un o'r enghreifftiau uchod yn dangos mai Saesneg oedd yr iaith swyddogol a'r Gymraeg oedd iaith yr aelwyd. Yn achos fy nheulu i, roedd y Gymraeg yn iaith y galon. Roedd yn atgof o'r hyn a fu yn ieithyddol. Gallai'r un adnod fod wedi parhau yn fy nheulu i am na fentrai'r genhedlaeth iau chwilio'r Beibl Cymraeg am adnod wahanol.

Roedd hi'n ddigon hawdd rhoi cardiau bach naill ochr ac anghofio amdanynt. Ond roedd mowntiau mawr, 8"x 10", parod i'w cael. Roedd eu hansawdd yn amrywio'n fawr. Ar ddechrau oes Fictoria, roedd y mowntiau yn weddol syml a chwaethus gyda'r gwaith addurno wedi'i wasgu i mewn i'r garden. Ond os oedd y teulu yn rhai gwell na'i gilydd, roedd y mownt a'r garden yn un, y cyfan wedi'i wneud yn unig swydd. Roedd y gwneuthurwyr Windsor o Lundain yn enwog am eu gwaith papur cain ac am eu cardiau mwy cynnil. Câi'r mowntiau a'r cardiau hyn eu fframio a'u hongian ar y wal. Erbyn diwedd y ganrif, roedd y cardiau coffa yn llai chwaethus ac yn gyforiog o symbolaeth oes Fictoria. Ceir y beddrod yn y canol, a'r golofn ddrylliedig a'r eiddew yn codi ohono. Angel angau a galar sydd ar y chwith. Yn ei law chwith mae torch, ac yn y llaw dde mae'r ffagl ben i waered, mae fflam y bywyd wedi diffodd. Ar y dde, mae angel yr atgyfodiad a gorfoledd. Mae ei law dde yn pwyntio at y nefoedd ac mae palmwydden yn y llaw arall. O boptu'r garden, tua'r gwaelod, mae dau angel yn eu babandod yn wylo.

Cafodd y gŵr cyfnod o gasglu'r rhain, a'u prynu yn yr un lle bob tro a llwch degawdau arnyn nhw, mewn siop ym Mhenydarren, Merthyr. Roedd rhaid galw bob tro yr aem i'r gogledd. Ar y pumed tro, meddai'r siopwraig wrtho, *These are becoming very collectable now you know.* Cafodd e'r gras i beidio â dweud mai fe oedd yr un a brynodd bob un. Penderfynodd eu gosod ar wal y stâr ac ar ôl yr wythnosau cyntaf doedd neb yn edrych arnyn nhw, heblaw am fy nhad. Bob tro y deuai i aros byddai'n cwyno, *How on earth can you live with those old things? My stomach turns over every time I go up your stairs.*

Rwy'n meddwl fod y cardiau mawr hyn wedi dihuno rhywbeth oedd wedi bod yng nghefndir y gŵr erioed. Bu farw ffrind plentyndod ei fam sef Laura Ellis, ychydig cyn cyrraedd ei hugain oed yn 1927. Argraffwyd y ddalen gan Richard Jones, Pwllheli, dan y pennawd *Gŵyl Lenyddol a Cherddorol/Horeb (A), Mynytho,/Chwefror 21ain, 1928/ Penillion Coffa i'r Ddiweddar/Laura Ann Ellis,/Preswylfa, Mynytho,/A fu farw Dydd Iau Dyrchafael, Mai 26ain, 1927/Yn 19 mlwydd a chwe mis oed.* Y beirniad oedd y gweinidog, Y Parch J. Hawen Rees, a'r buddugol oedd 'Murmur Parch', sef E. Aiden Davies o Lithfaen. Mae'r farwnad yn bedwar pennill ar ddeg.

Argraffwyd llu o gerddi coffa tebyg, rhai ohonynt yn cynnwys cynifer ag wyth pennill ar hugain. Mae'r rhai cynharaf wedi'u hargraffu ar sidan. Ychydig o'r rheiny sydd ar ôl am mai ychydig a wnaethpwyd ond roedd cynhyrchu rhain yn rhan bwysig a phroffidiol o fusnes llawer o argraffwyr. Ffurf arferol cerdd goffa yw ffrâm ddu o amgylch y cwbl ac yna'r teitl – Penillion Coffa, Marwnad, Odlau Hiraeth, Llinellau Coffadwriaethol, Penillion Coffadwriaethol neu Galar-gân. Weithiau roedd llun o'r ymadawedig yn rhan ohono. Roedd cerddi coffa yn cael eu gosod fel testun yn yr Eisteddfod leol. Dyna a ddigwyddodd yn achos Laura Ellis.

Gwelais un sydd yn union fel y rhain, yn fwy o faint ac o led, yn cynnwys un ar ddeg o benillion, wedi'i bwytho ar gynfas yn Lloegr. Mae'r pennill cyntaf yn dechrau *Good people hear my doleful tale.* Ac ar y diwedd un, mae'r geiriau *We hope her soul is now at rest/With Jesus Christ for ever bless* (sic). Cafodd y gwaith ei wneud gan ei chwaer a'i orffen yn 1852. Yn Amgueddfa'r Glannau yn Abertawe, gwelais am y tro cyntaf erioed bapur ac amlenni cydymdeimlo a gafodd eu hargraffu gan gwmni o'r enw *Crossing the Bar Stationary* ac arnynt olygfa o long hir yn hwylio am y gorwel. Fyddai dim angen atgoffa pobl am gerdd Tennyson a gyhoeddwyd gyntaf yn 1889, sy'n dechrau *Sunset and Evening Star ...* : ar ddechrau'r ganrif ddiwethaf roedd ar gof pawb.

Pan ddigwyddai trychineb fawr a fyddai'n cyffwrdd â chymuned gyfan, fel tanchwa dan ddaear er enghraifft, cynhyrchwyd cardiau coffa a fyddai'n uno pawb mewn galar. Byddai elw'r cardiau yn cael eu rhoi i'r gweddwon a'r plant. Mae trychineb Abercarn ym 1878 yn enghraifft o hynny: *In Sad Remembrance/OF/264* MEN AND BOYS/WHO WERE KILLED/*In the*

Prince of Wales Pit, Abercarne,/ BY AN EXPLOSION/ON WEDNESDAY, SEPTEMBER 11th, 1878. Yn aml, byddai teulu a gafodd golled trwy drychineb yn cael plât wedi'i beintio i goffáu'r ymadawedig, plât gwyn fel arfer wedi'i addurno a rhosynnau neu eiddew a llun yr ymadawedig yn y canol: IN LOVING MEMORY OF GWILYM M. REES WHO LOST HIS LIFE IN THE SENGHENYDD EXPLOSION, OCT 14th 1913.

Cafwyd llawer iawn o wahanol ffyrdd o goffáu y rhai a fu farw yn y Rhyfel Byd Cyntaf. Gwnaeth y crochendai blatiau gwynion wrth y fil a'r rheiny wedyn yn barod i roi enw neu enwau arnynt. Tuedd y platiau gwynion hyn oedd malu am eu bod wedi'u gwneud o bridd gwael, ac ar frys. Mae'r platiau melyn sgleiniog o well gwneuthuriad. Mae un yn y gyfres yn dangos y Gweinidog Rhyfel ar y pryd, Lloyd George. Mae un arall yn dangos y ddau arwr mawr, Jellicoe a Haig a rhyngddynt mae bwlch, lle i'r teulu roi llun o'u hanwylyn a'u harwr nhw. Odano mae'r geiriau *England expects every man to do his duty and ... did his.* Yr oedd pob un boed yn Gymro, Albanwr neu'n Wyddel yn brwydro dros *England.* Roedd gweld y platiau wedi'u geirio yn barod â lle gwag yn y canol yn gwneud imi deimlo'n anghyfforddus iawn ond wedyn sylweddolais fod rhieni milwyr yn gyfarwydd â derbyn cardiau â brawddegau byr hwylus eisoes wedi'u hargraffu arnynt. Dyna oedd trefn y fyddin: *I am well / not well. I have heard / not heard from you lately (Delete sentences not applicable)* a lle ar y gwaelod i roi'r enw a'r dyddiad. A'r rhieni yn falch iawn o dderbyn y cerdyn ac yn cofio'r geiriau o bosibl, *Mae gobaith gŵr o ryfel/Does gobaith neb o'r bedd.*

Tua diwedd yr Ail Ryfel Byd, rwy'n cofio mam fy ffrind, gwraig weddw ifanc y cafodd ei gŵr ei ladd mewn damwain motobeic yn y blacowt ar ei ffordd o Lundain i Dredegar, yn codi yn y bore bach i ddal y bws am 4.30am ac yn mynd am Glas-coed. Doedd gen i ddim syniad beth roedd hi'n ei wneud yno na ble roedd Glas-coed ond rwy'n ei chofio'n cario cês bach brown golau. Roedd hi'n rhyfeddol o siriol. Yn ôl yr hanes roedd *Music While You Work* ar y radio yn atseinio trwy'r ffatrïoedd arfau oherwydd dyna oedd Glas-coed, i godi calonnau pawb. Dyma'r cyfle cyntaf gafodd merched i ennill cyflog da a chael llawer o sbort ar yr un pryd, yn ôl y sôn, er mawr gofid i'r gwŷr.

Mae gen i un cerdyn coffa hynod a luniwyd, gallwn feddwl, ar ôl damwain fawr mewn ffatri arfau, a hynny gan rywun oedd yn deall y merched ac yn eu gwerthfawrogi. Argraffwyd ar gerdyn post i'w anfon er cof amdanynt:

To the Cherished Memory of ac yna'r geiriau ENGLAND'S/**Gallant**

Munition Girls / *Who bravely did their duty, working and singing from morning till night, making shells for Tommy and Jack, and helping to win the war. They laid down their lives for King and Country, July 1st, 1918, and they could do no more. Sadly missed by all who knew and loved them.– "Peace, Perfect Peace."*

> *A sudden change — they in a moment fell,*
> *They had not time to bid their friends farewell,*
> *Death quickly came — without a warning given,*
> *And bid them haste to meet their God in Heaven.*

Composed by Pte. G. McDonnell, discharged soldier.

Argraffwyd gan Wilson & Son, Glasshouse Street ond dyw'r dref ddim yn cael ei henwi. Roedd y garden hon mewn llyfr a brynodd y gŵr.

Roedd marwolaeth ac angladd yn rhywbeth y byddai'r genhedlaeth hyn yn paratoi ar eu cyfer. Mae Elizabeth Williams yn *Brethyn Cartref* yn sôn am un o'i chymdogion yn Llanrwst yn gwneud ei *phac. Y pac oedd y dillad pwrpasol a neilltuwyd i roi am y corff yn yr arch. Cynnwys y pac, fel rheol fyddai; i wragedd, cap nos, crys calico, pais wlanen wen, pâr o sanau gwlân a betgwn – dilledyn rhywbeth yn debyg i gôt pijamas, o galico gwyn. Betgwn a wisgai hen wragedd yn lle coban. Roedd Betsi Jones wedi dangos imi lle roedd y pac ynghadw yng nghornel dror isaf y cestandrôr. Fan yna* hefyd byddai gwragedd y cymoedd yn cadw eu llieiniau.

Yr oedd cymdogaeth gyfan yn dangos ei chefnogaeth i'r teulu trwy gau'r llenni, fel arwydd o gydymdeimlad. Byddai'r capel hefyd yn gwisgo ei ddillad mwrnin. Yn Nantgarw, yn ôl atgofion Mrs Catherine Margaretta Thomas: *Gwishg ddu sy ar y pilpid nawr a rubana duon ar y lampa rownd i'r wal, pwy bynnag o blith yr aelota sy wedi marw. Ond blynydda nôl, (h)onna odd y wishg ar gyfar ryw (h)en berson. Y peth odd bod y wishg ar y pilpid yr un peth â mantall y marw: gwyn a blota a ffrensh (rhidens) lliw arian a du i rai ifinc, du a blota a ffrensh du a gwyn i rai cenol ôd, a du i gyd i'r (h)en rai. Odd y rubana ar y lampa yr un peth: du ac arian i rai ifinc, du a gwyn i rai cenol ôd a du i gyd i'r en rai. Llina parch ôn ni'n galw'r rubana ynny.*

Roedd cynhebrwng yn achlysur o bwys mawr, ac angladd deilwng i'w thrysori. Croesawu pobl i'r aelwyd a darparu bwyd oedd ffordd y teulu o ddangos eu gwerthfawrogiad o bob arwydd o gydymdeimlad. I eraill, roedd angladd yn ddigwyddiad cymdeithasol i'w flasu. Ym mhob ardal bron mae sôn am gymeriad nad oedd byth yn colli angladd oedd o fewn gwaith cerdded. Yn *Hafau fy Mhlentyndod*, nid yw Kate Davies yn sôn am de angladd ond yn hytrach am wraig o'r enw Marged, Tŷ Canol, yn gwneud y gymwynas, ac hefyd yn gweld *cyfle i wneud ceiniog iddi ei hun. Codai stondin ar y groesffordd a phwy na fyddai arno eisiau bwyd wedi cerdded milltiroedd a gweld y dorth flasus wedi ei thorri yn ei hanner i ddangos ei chynnwys. Prynent dociau o'r deisen ac aent adre yn gynt o lawer na phe byddai eu boliau yn wag.*

Yr unig dro imi weld tafod buwch yn cael ei ferwi a'i baratoi at ei fwyta oedd fel rhan o'r wledd roedd fy mamgu yn ei darparu i angladd fy nhadcu. Roedd y fath baratoi yn gorfodi rhywun i ymwroli a meddwl am groesawu'r teulu o bell yn ogystal â gwŷr y capel a fyddai'n llanw'r tŷ wedi'r angladd. Roedd pob peth yn gorfod bod y gorau y gellid ei ddarparu. Nid yn unig y bwyd ond hefyd y llestri gorau un, rhai nas defnyddid ond ar achlysuron arbennig iawn. Byddai'r achlysur yn troi yn ddathliad, cyfle i hel atgofion a chlywed clecs y teulu, a chwrdd â phobl nas gwelwyd ers blynyddoedd. Erbyn fy amser i, roedd y mynwentydd yn y cymoedd yn rhai cyhoeddus ac mewn mannau anial ac agored. Ar y diwrnod brafiaf, byddai rhywun yn sythu ar y fynwent a phawb yn ofni cael annwyd er gwisgo eu dillad cynhesaf. Yn aml, byddai'r dynion yn cael joch o wisgi, rhag yr annwyd medden nhw, cyn estyn at y te. Fel arfer, roedd tafarn drws nesaf i'r capel a dweud mawr yr hen goliars oedd *Cleddwch y meirw a cerwch at y cwrw.*

Clywais wraig yn ddiweddar yn sôn fod tebot angladd brown y teulu yn dal ganddi, y tebot mwyaf iddi weld erioed. Roedd gan rai teuluoedd a chapeli debot, jwg dŵr a jwg llaeth du â phatrwm mân diymhongar o liwiau gwyn a gwyrdd ond gwelir rhai anferth hefyd yn blastar o ddail eiddew aur. Does neb yn rhoi llawer o bris arnyn nhw bellach, eu gweld yn hen ffasiwn ac yn perthyn i oes a fu. Yn y capeli, pan oedd y te yn y festri, y drefn fyddai i'r galarwyr eistedd ar y ford dop, a'r teulu oedd yn dweud pwy oedd i eistedd ymhle. Ystyrid hi'n anrhydedd i gael eich dewis i weini ar y teulu. Dros y te byddai'r ystrydebau cysurlon neu rybuddiol yn siŵr o ddod i'r wyneb: *Mae'n well ei lle, Does dim dau heb dri.*

Yn ddiweddar, daeth ffrind â rhywbeth imi ei weld am nad oedd ganddi ddim syniad beth oedd e gan ychwanegu *Gei di dwlu e os nag yt ti'n ei foyn e.* Blynyddoedd yn ôl pan fu'n rhaid iddi gau cartref ei rhieni, rhoddodd bopeth i mewn i focsys a'u rhoi yn atig ei chartref ei hunan. Penderfynodd yn ddiweddar ei bod hi'n hen bryd iddi glirio popeth nad oedd ei angen arni. Agorodd y bocsys am y tro cyntaf a beth ddaeth i glawr ond darn o waith llaw: y canol sgwâr o sidan du wedi'i bwytho â dail gwyrdd a fioledau piws ac ar bob ochr mae trionglau hir o waith crosio porffor; wedi'i wneud yn unig swydd i wisgo tŷ galar.

Ar un adeg pan brynwn bilyn du byddai'r gŵr yn dweud, *Pam na arosaist ti nes inni fynd i Bwllheli. Gaet ti bunt oddi ar ddillad mwrnin yn Polecoff's*. Go brin fod y drefn honno yn parhau. Ond fel yna y bu hi. Roedd un siop ym mhob tref fach yn cadw popeth y byddai ei angen ar deulu galar gan gofio y byddai'r wraig weddw yn gwisgo dillad duon am gyfnod hir, a rhai yn gwneud am weddill eu hoes. Gwneud dillad mwrnin oedd prif waith gwniadyddes gan y byddai pob aelod o'r teulu, pell ac agos, yn gorfod gwisgo dillad duon gan fod yr hyn a welai'r byd yn bwysig yn y cyfnod galaru. Wrth gwrs, byddai rhai yn gwisgo ail fwrnin, llwyd neu borffor, hefyd.

Heddiw, mae'n anhygoel credu y fath baraffernalia roedd rhaid eu cael. Roedd angen y manylyn eithaf ar y wraig weddw gan gynnwys hances wen ag ymyl ddu. Mae Madge Hinder yn *Newid Ffedog* yn dangos fod gan yr hances fwrnin swyddogaeth bwysig yn ei bro hi yn Eifionydd. Mae'n cofio'r adeg pan fu farw ei thaid a hithau'n ferch fach a gweld *Nain yn sypyn bach eiddil yn ei chadair wrth ochor y tân, wedi'i gwisgo mewn du trwm, ei braich yn gorffwys ar ymyl y bwrdd fel y syllai i'r tân, ei hwyneb bach llwyd yn rhychiog a'i llygaid wedi chwyddo*. Un wrth un deuai'r cymdogion heibio ac yn *gwyro ati a gafael yn ei llaw llipa, sibrwd gair neu ddau o gysur gan ollwng darn o arian, neu bapur chweugain, i'r hances wen ag ymyl ddu arni oedd wedi ei thaenu ar ei glin*. Ble caech chi well darlun? Dyna arferiad yr ardal. Mewn ardaloedd eraill, câi hances fawr wen ag ymyl ddu ei thaenu ar ganol y ford i dderbyn yr offrwm.

Mae digon o luniau o Oes Fictoria yn dangos gwragedd gweddwon yn gwisgo rhaffau o fwclis, breichledau, clustdlysau a broestsys jet neu aur yn edrych yn urddasol a ffyniannus, a dyna'r union argraff yr oedden nhw am ei rhoi. Ond yn dilyn yr Ail Ryfel Byd, â marwolaeth o gwmpas pawb, doedd gan neb yr arian, na'r cwponau, i gadw defodau galar. Doedd gan y bobl gyffredin ddim o'r modd i brynu dillad duon newydd. Rwy'n cofio fy mam yn mynd â philyn i'r *dye-shop* i'w liwio. Dyna oedd yr unig ddewis oedd ganddi, yn ein hardal ni beth bynnag.

Ymbincio

Un o'r darluniau sy'n aros yn fy nghof yw delwedd Hollywood o Cleopatra. Roedd y llinellau duon o amgylch llygaid Elizabeth Taylor yn ymestyn at ei harleisiau. Er ein bod ni yn gweld y pwyslais ar ddelwedd yn ein cymdeithas yn ormodol, mae delwedd wedi bod yn bwysig erioed. Yr oedd yr Eifftwyr yn credu, ac yn dal i gredu a barnu wrth y rhai a welir ar y teledu, ei bod yn bwysig iawn i edrych ac arogli'n dda. Roedd eu golwg yn rhan o'u hysbrydolrwydd. Roedd lliwiau tywyll o amgylch y llygaid, gwyrdd, du neu llwyd yn eu gwarchod rhag ysbrydion drwg. Roedden nhw hefyd yn cymysgu perlysiau a sbeisys i wella eu croen ac i'w cadw'n felys a glân yn y tywydd poeth sych. Nid cynhwysion llysieuol yn unig a ddefnyddid, roedd cymysgedd o gopor a mwyn plwm yn rhan o'u coluron lliwgar i'r llygaid a'r gwefusau.

Gartref, wyneb gwelw ar ddyn a menyw oedd yr olwg i ymgyrraedd ato yn y ddeunawfed a'r bedwaredd ganrif ar bymtheg a hynny yn arddangos eu statws cymdeithasol. Roedd gwynder y croen yn gwahaniaethu rhwng y gwŷr bonheddig a'r gweithwyr cyffredin, yn wryw ac yn fenyw, a weithiai ar y tir ym mhob tywydd a'u croen o ganlyniad yn dywyll fel hen ledr. Dyna pam y bu i'r merched bonheddig gario parasol neu osod feil ar y bonet i gadw'r haul oddi ar eu hwynebau. Gallai'r sawl a ymdrechai i fod yn hynod ffasiynol ddioddef yn enbyd.

Mae'n werth dyfynnu Hettie Glyn Davies a aned yn 1879 ac sy'n sgrifennu yn *Edrych yn Ôl* fel hyn: *Yn yr hen amser, nid oedd neb yn meddwl am beintio eu gwefusau a'u bochau ac ewinedd eu dwylo a'u traed yn gochion – byddai'n ddiddorol iawn clywed Mamgu yn traethu ar y mater hwn. Croen gwyn oedd y ffasiwn bryd hynny. Gwnaeth hynny ddifrod mawr i groen merched ifainc. Er mwyn llwydo'r wynebau byddent yn cnoi reis neu flawd ceirch heb ei ferwi. Trwy hynny, nid oedd archwaeth at fwyd maethlon, ac yr oedd lliw eu bochau a nerth eu cyrff yn diflannu, a llawer ohonynt yn marw o'r diclein.* Roedd yfed finag hefyd, fe ddywedir, yn dda at wynnu'r croen.

Yn ystod oes Fictoria, roedd y cof o'r drwg a wnaethpwyd i'r iechyd trwy geisio gwynnu'r croen yn y ganrif flaenorol wedi peri i'r frenhines ei hun ystyried ymbincio yn waith y diafol. Mae riseitiau diddorol yn *Llyfr Pawb ar Bob Peth*, o dan y pennawd *i dyneru'r croen a gwella y wedd.* Cymeradwyir rhoi blodau swlffwr mewn ychydig laeth a gadael iddo sefyll am awr neu ddwy cyn ei rwbio ar y cnawd. Mae un arall at wneud *mêl sebon* sy'n gymysgedd o sebon melyn, mêl ac olewon ac sy'n *sebon tra rhagorol* at eich croen; mae un arall at wynnu'r ewinedd gan fod *llaw dyner yn un o anhebgorion prydferthwch ac y mae y paratoadau hyn yn wir effeithiol.*

Roedd un o hysbysebion y cyfnod am hufen parod yn pwysleisio ei fod yn jeli di-liw ac yn ymffrostio *detection is impossible*. Ni châi'r foneddiges Fictoraidd ddefnyddio dim, yn agored beth bynnag, i newid ei gwedd. Byddai gwisgo unrhyw liw wyneb yn ei rhoi ar yr un lefel ag actores neu butain. Yn rhyfedd, yn y ganrif flaenorol, fe gâi liwio ei bochau wrth ymbaratoi i gwmnïa a chymdeithasu. Ond erbyn oes Fictoria, roedd yn hysbys fod rhai o'r cynhwysion yn ddrwg i'r croen ac i'r iechyd ac roedd y wybodaeth yna yn gwneud y penderfyniad drostynt.

Ond er gwaethaf y credoau a'r dannod cyhoeddus, yn y dirgel roedd y ferch ifanc ym mhob cyfnod yn mwynhau arbrofi gan ddefnyddio pethau oedd wrth law. Defnyddiodd flawd ceirch mân i ddiffodd y sglein ar ei thrwyn, petalau mynawyd y bugail i roi lliw ar foch ac ar wefus, a huddugl ysgafn o'r lamp olew i dduo blew ei llygaid a'i haeliau. Erbyn yr 1860au, yr oedd un cwmni wedi dechrau hysbysebu'r ffaith ei fod wedi dyfeisio nwyddau a fyddai'n dod â gwrid i'r gwelwaf ei lliw. *Rouge* felly oedd y colur cyntaf a ddefnyddid gan ferched.

Pan ddechreuodd merched roi tipyn o liw ar eu hwynebau, eu bwriad oedd rhoi help llaw i natur. Ond erbyn 1900, sylweddolodd y masnachwyr fod merched yn ysu am gyfle i newid eu gwedd, a bod arian mawr i'w wneud wrth ddiwallu'r angen. Mentrodd y tai persawr mawr i'r fusnes coluro, Yardley, Guerlain a Coty yn eu plith. Comisiynodd Coty y cynllunydd gwydr enwog, Lalique, i gynllunio eu bocsys powdwr: y rhai â chlawr o byffiau powdwr crwn fel gwawn yn dawnsio yn erbyn cefndir oren. Cafodd y bocsys hyn eu defnyddio tan yn gymharol ddiweddar. Os oes gennych un mewn cyflwr perffaith, mae'n bosibl y bydd yn werthfawr ryw ddydd. Gwnaeth Lalique hefyd focs gwydr yn ei liw glaswyn enwog ef i ddal y bocs powdwr.

Doedd Mamgu byth yn rhoi dim ar ei hwyneb nac yn defnyddio persawr. Ond fe fyddai'n cael rhyw chwerthiniad bach wrth gofio arferiad ei mam o roi diferyn o bersawr ar ei ffedog ar ddiwrnod golchi. Roedd yn dofi'r arogl cas oedd yn codi o'r dŵr wrth olchi'r dillad gwaith. Defnyddiai chwaer Mamgu *papier poudre*, sef dail papur tenau oedd wedi amsugno powdwr ac wedi'u rhwymo mewn llyfrau bach. Roedd hi wrth ei bodd â nhw am eu bod yn ddelfrydol i bowdro ei thrwyn cyn gadael y cwrdd a cherdded ei thaith hir adre. Rimmel oedd yn eu gwneud. Synnais yn ddiweddar i glywed fod y papurau powdwr hyn yn ffasiynol unwaith eto.

Erbyn tridegau'r ugeinfed ganrif, yr oedd arian gan ferched i wario ar eu hunain. Roedden nhw wedi magu hyder ac wedi cael blas ar eu rhyddid. Cafodd y sinema ddylanwad mawr. Roedd pob dosbarth am edrych yn debyg i sêr y ffilmiau. Dechreuodd fferyllwyr lleol gymysgu eu hufen a phowdrach eu hunain. Ar yr un pryd, cafwyd erthyglau yn y cylchgronau merched yn eu sicrhau nad oedd gwisgo colur yn beth pechadurus. Dim ond tri lliw powdwr oedd i'w cael ar y pryd, Blanche, Naturelle a Rachel. Rachel oedd gan fy mam. Dyfalais yn aml yn blentyn sut oedd ynganu'r gair: ai Rahel, Ratshel neu Reitshel. Mae'n bosibl iddo gael ei enwi ar ôl actores, neu rywun a gadwai dŷ amheus. Buan y daeth minlliw coch coch o fewn cyrraedd pawb pan ddechreuwyd gwerthu colur mewn marchnadoedd a dros y cownter yn Woolworth's. Minlliw mwyaf poblogaidd y dydd oedd *Tangee* a werthid mewn casyn cardfwrdd coch am chwecheiniog, ac oedd yn dal yn un o ddreiriau fy mam: roedd yn debycach i gŵyr na'r peth hufennog, meddal a geir heddiw ac o liw oren ond dywedir iddo newid ei liw ar y gwefusau. Dechreuodd merched ifainc, a'u mamau, arbrofi a phenderfynu y gallai ychydig o liw, wedi ei roi â llaw ysgafn, roi hwb i'r galon. Roedd eraill yn hoffi rhoi trwch o baent ar eu hwynebau, yn wir yn ôl sdrabs sir Aberteifi, *Roedd digon o baent i baento'r Queen Mary/ A digon o bowdwr i'w hwthu hi lan* ar ambell un.

Dwn i ddim yn iawn pryd y dechreuwyd paentio'r ewinedd: yng nghyfnod y *Flappers* gallwn feddwl ond mae gen i focs bach bakelite gwyrdd, 2"x 3", a siaradodd â fi ryw brynhawn Sadwrn. Rwy'n dyfalu weithiau o ble mae'r gwerthwyr yn cael y pethau bach personol yma na welwch chi ond unwaith mewn oes. Arbedwyd hwn gan rywun oedd yn gwagio tŷ, siŵr o fod. Mae ei bwrpas ar y clawr: *L'Onglex, Manicure Outfit* ac yn y canol mae pant siâp blaen bys ac uwchben, y geiriau *Finger Rest*. Pethau i drin yr ewinedd, nid i'w lliwio, sydd yn hwn; dwy botel fach bob pen ac yn y canol dau dun crwn, un yn cynnwys hufen i drin yr ewinbil a'r llall yn *nail white*. Mae'r cwbl yn ffitio i'r casyn yn berffaith.

Heddiw mae merched yn niwedd eu hwythdegau yn edrych nôl yn eu henoed ar eu hymdrechion cychwynnol nhw. Mae gwraig o Ddowlais yn cofio ei mam yn pwysleisio mai merched isel eu moesau oedd yn ymbincio. Serch hynny, yn 16 oed, prynodd hi a'i ffrind dun bach o hufen Snowfire rhyngddyn nhw oedd yn golygu ceiniog a dimai yr un, a'i gadw yn nhŷ'r ffrind gan y byddai ei mam hi ei hun yn ei lladd hi petai'n darganfod ei chyfrinach. Doedden nhw ddim yn gallu fforddio minlliw ond roedd rhosynnau bach pinc ar bapur wal llofft y ffrind a bydden nhw'n poeri ar eu bys a'i rwbio ar y rhosynnau er mwyn cael rhywfaint o liw pinc ar eu gwefusau.

Dros y canrifoedd, mae gwallt toreithiog wedi bod yn addurn i ferch a mab. Roedd ei liw ac ansawdd yn destun edmygedd ac eiddigedd. Rhoddwyd cynnig ar bob math o olewon a hylifau i'w rhwbio i'r pen. Roedd dynion yn ogystal â merched yn cael eu denu gan yr olewon hyn, nid yn unig ar gyfer gwallt y pen ond hefyd eu barfau a'r mwstash, neu y trawswch gan ein bod yn sôn am y cyfnod Edwardaidd. Roedd colli gwallt yn fwy o broblem i ddynion. Roedd gan Mrs Beeton risait i'w wneud gartref: *yr un faint o olew'r olewydd â distyll o rosmari a diferyn neu ddau o olew nytmyg. Cymysger y cwbl ynghyd a rhwbier i mewn i wreiddiau'r gwallt bob nos.* Penigamp, meddai hi, i gocso'r blew i dyfu unwaith eto. Mae *Llyfr Pawb ar Bob Peth* yn llai hunandybus: *Rhwbier y man moel yn aml â sudd wynwyn. Nid yw y feddyginiaeth yma yn anffaeledig, ond y mae yn ddiniwaid, ac yn aml yn effeithiol.*

Yr enwocaf o'r holl olewon gwallt oedd olew Macassar a wnaethpwyd gan gwmni Alexander Rowland and Sons yn Hatton Gardens, Llundain. Yr oedd ei union gynhwysion yn gyfrinach ond dywedir iddo gynnwys olew almon ac olewydd, ac alcanet i'w liwio a'i bersawru, a rhai cynhwysion arbennig wedi'u mewnforio o Macassar, Indonesia. Gellid ei brynu o tua 1850 am y can mlynedd nesaf bron. Dywedir mai'r hyn a'i cadwodd i werthu am dros gan mlynedd oedd yr hysbysebu hynod effeithiol a fu arno. Tystia dynion oedd wedi colli bob blewyn o'u pen i'w gwallt dyfu yn gnwd ardderchog ar ôl defnyddio Olew Macassar am ddau fis yn unig. Cafodd yr olew oes hir ond parhaodd y gair *antimacassar* hyd yn oed yn hwy. Defnyddid cymaint o olew gan bawb fel y gwelodd rhywun yr angen am gynhyrchu lliain i'w roi ar gefn cadair i rwystro'r olew rhag treiddio i'r celficyn.

Gallai moelni fod yn ofid i fenywod hefyd a hynny am fod eu staes tynn yn cael effaith ar gylchrediad y gwaed. Ond poendod mwyaf merched ar hyd y cenedlaethau yw gweld y blewyn gwyn cyntaf sy'n rhybuddio fod henaint yn curo wrth y drws. Pan gynhyrchwyd lliw gwallt gyntaf, roedd yn fwy derbyniol i liwio'r gwallt nag i baentio'r wyneb. Roedd rhai defnyddwyr yn ddigon diniwed i feddwl y byddai un golchad yn y trwyth gwyrthiol yn ddigon i liwio'r gwallt am byth – gan anghofio fod gwallt yn tyfu. Dull arall o liwio'r gwallt oedd rhwbio saim pwrpasol iddo a fyddai'n ei adfer i'w liw naturiol. Gellid hefyd ferwi croen winwns. Go wantan oedd y lliw yn y diwedd ac roedd y gwynt yn ofnadwy. Doedd dim *setting lotion* i gael chwaith felly os oedden nhw am setio eu gwallt roedden nhw'n cymysgu siwgr a dŵr a defnyddio hwnnw: yn yr haf byddai'r clêr a'r gwenyn yn eu dilyn.

Rhaid imi ychwanegu pwt personol. Trefn fy Mamgu oedd rhoi bliw, lliw glas Reckitts a ddefnyddid i roi graen ar ddillad gwynion, yn y dŵr olaf i gadw ei gwallt gwyn rhag melynu. Ambell waith byddai'n cael rhyw ddamwain fach a byddai patshyn glas ar ei phen, ond dim ond ychwanegu at sbri'r teulu a wnâi hynny. Trefn ei merch oedd defnyddio te oer i guddio'r gwallt gwyn oedd wedi dechrau ymddangos ger ei thalcen. Fyddai neb yn gweld y gwahaniaeth, meddai hi. Gan ei bod wastad yn gwisgo het wrth fynd allan ychydig iawn ohono fyddai yn y golwg. Roedd dynion hefyd yn defnyddio pob cast fel defnyddio'r huddygl o'r lamp olew neu'r fatshen farw i dduo eu mwstash.

Nos Sadwrn oedd noson siafio'r dynion. Perfformans ofnadwy oedd hwn. Doedd neb, na'r fam na'r plant, yn cael yngan gair tra bo'r tad wrthi rhag ofn iddo dorri ei hun â'r llafn finiog. Mae'r raseli agored hyn i'w gweld o hyd â charn asgwrn arnyn nhw. Ar un adeg wrth gwrs, roedd un o'r plant yn gorfod dal y gannwyll er mwyn iddo gael gwell golau ar y mater. Roedd yn dipyn o gamp i'r plentyn sefyll yn llonydd. Y tad fyddai'n torri gwallt y cryts oedd yn eistedd a ffedog eu mam dros eu hysgwyddau. Roedd tipyn o weiddi a gwingo wrth y seremoni honno hefyd.

Yn ystod yr Ail Ryfel Byd, defnyddid pob dull a modd i ddwyn perswâd ar ferched i ymbincio er mwyn codi calon y dynion. *Look Marvellous for our Boys, Our Women must look Glorious*: dyna un math o anogaeth. Roedd math arall o berswâd yn fwy cudd ond yn bwysicach. Wedi blino ar wallt bachgennaidd, dechreuodd merched wisgo'u gwallt yn hir; daeth y *page-boy* yn ffasiynol. Ond gallai gwallt hir fod yn wirioneddol beryglus mewn ffatri neu yn y Lluoedd Arfog. Roedd merched yn cael damweiniau erchyll oherwydd bod eu gwallt hir yn dal yn y peiriannau. Yn y sefyllfa yma, listiodd y llywodraeth, Y Weinyddiaeth Hysbysrwydd yn arbennig, help gan olygyddion y cylchgronau merched gan iddynt wybod y byddai un erthygl ganddyn nhw yn fwy dylanwadol na mil o bamffledi gan Y Weinyddiaeth. Yr hyn oedd y llywodraeth am iddyn nhw ei wneud oedd gwneud gwallt byr yn ffasiynol unwaith eto i geisio atal y damweiniau. Gan fod pawb am fod yn y ffasiwn fe lwyddodd y cynllwyn. Daeth y *permanent wave* a fyddai'n para wyth neu naw mis, yn ôl yr hysbysebion, yn ffasiynol. Er bod mynd i siop trin gwallt yn fusnes drud, roedd y pyrm cartref yn gymharol rad a llwyddiannus, ac wrth fodd pawb. Ond efallai mai'r peth difyrraf oedd paentio'r coesau yn ystod y rhyfel. Doedd dim sanau i'w cael felly roedd rhaid paentio'r coesau i edrych yn debyg i sanau. Roedd siopau yn hysbysebu: *No more ladders– we'll paint your legs for you – 3d per leg.* Roedd y rhai mwyaf mentrus yn defnyddio *gravy browning* i liwio eu coesau a hwnnw yn aml yn diferu lawr eu coesau.

Art Deco

Yn y cyfnod rhwng y ddau Ryfel Byd, digwyddodd dau beth a fyddai'n dylanwadu'n drwm ar drwch y boblogaeth. Daeth rheiny'n bosibl yn sgil datblygiadau economaidd a diwydiannau newydd oedd yn talu eu gweithwyr yn dda. Y cyntaf oedd rhagor o bapurau newydd o fewn cyrraedd y mwyafrif, a'r ail oedd agor sinemâu yn y trefi. Ers eu cychwyn yn y 1920au roedd pobl wedi mopio ar fynd i weld sêr y sgrîn fud yn y Temperance Hall. Sbri mwyaf y bechgyn ifainc, yn ôl fy nhad oedd yn un ohonyn nhw, oedd cyd-adrodd yn uchel y geiriau oedd ar y sgrîn. Er bod y llun yn fud roedd y sinema yn llawn sŵn. Rhialtwch y bechgyn oedd ymateb yn uchel i'r digwyddiadau â'r naill griw yn dilorni'r arwr a chriw arall yn ei gefnogi, ac wedyn dechrau ffraeo â'i gilydd. Byddai rheolwr y sinema yn gorfod dod o'i gwtsh i roi stŵr iddyn nhw, a hynny hefyd yn rhan o'r difyrrwch.

Roedd pobl yn yr arfer felly o fynd i'r sinema ac ar dân i weld y ffilmiau llafar am y tro cyntaf. Yn ystod yr Ail Ryfel Byd roedd y sinema yn ddihangfa rad. Roedd hefyd yn ffordd i wleidyddion siarad â'r bobl yn uniongyrchol ond yn bennaf oll, roedd y bobl yn gweld y newyddion yn digwydd bron. Yn ystod y tridegau codwyd sinemâu newydd, y rhai yn y dinasoedd mawrion yn gallu dal 3000 o bobl. Roedden nhw fel palasau a'r adeiladwyr yn cystadlu â'i gilydd i godi'r rhai mwyaf eu maint a'r mwyaf hudolus. Roedd yr enwau arnynt yn dangos uchelgais y rhai a'u cododd: y Grand, y Majestic, y Plaza, yr Olympia (y *Limp* ar lafar). Yn y Tai Pictiwrs yma y cafodd y rhan fwyaf o bobl eu golwg gyntaf ar arddull newydd Art Deco, heb yn wybod iddyn nhw wrth gwrs. Cyn mynd ymhellach, dylwn nodi na chafodd yr enw Art Deco ei roi ar yr arddulliau hyn tan 1966 pan gynhaliwyd arddangosfa, ym Mharis, yn edrych nôl ar arddangosfa a gafwyd yn yr un ddinas yn 1925 yn dwyn y teitl *Exposition Internationale des Arts Decoratifs et Industriales Modernes*. Roedd yr arddulliau'n nodweddu dauddegau a thridegau'r ugeinfed ganrif yn arbennig.

Ar ôl blinder y Rhyfel Mawr a'i erchyllterau, roedd cynlluniau diwedd y 1920au a'r 30au yn addo byd newydd, modern a glân. Roedd y bensaernïaeth, deunyddiau i'r tŷ a chynlluniau'r dillad yn wahanol iawn i'r hyn a fu, a'r cyfan yn ceisio argyhoeddi fod gwawr newydd ar dorri. Ar y pryd, roedd diweithdra yn tagu llawer iawn o Brydain a doedd gan y rhan fwyaf o bobl mo'r arian i waredu'r celfi a ystyrid yn hen ffasiwn gan y pwysigion newydd a phrynu rhai ffasiwn newydd, yn grôm ac yn wydr, drud a chrand. Hyd yn oed pe bai ganddyn nhw'r arian ychydig iawn fyddai'n ymserchu yn y cynlluniau rhyfedd o newydd. Roedd y Rhyfel wedi lladd neu wedi torri bywydau miloedd ond wedi gwneud eraill yn eithriadol o gyfoethog. Yr oedd y gwahaniaeth rhwng y tlodion a'r cyfoethog newydd yn amlwg iawn. Celfi a theganau i'r dosbarth canol newydd hwn oedd yr Art Deco gwreiddiol, ac ym Mhrydain, cyfyngwyd y cyffro i dde a chanolbarth bras Lloegr.

Ond roedd y sinemâu yn eithriad. Roedd eu harddull geometrig, onglog, tu fewn a thu allan, yn gyfan gwbl Art Deco. Roedd pob rhan o'r sinema yn gweddu i'w gilydd: y bwa oedd yn amgylchu'r llwyfan, y llenni trwm coch a'r rhuban aur oedd yn eu haddurno yn dilyn cwymp a gwaelod y llenni, y cloc yn y cornel wrth ochr y llwyfan, yn hybysebu *Craven A*, y lampau wal a'r un anferth yng nghanol y nenfwd o wydr pŵl yn awgrymu pelydrau'r haul. Fel yna oedd y Workman's Hall yn Nhredegar wedi iddi gael ei gweddnewid yn 1936, a'r plant wrth eu bodd yn mynd *Up the 'All* neu *Down the 'All* gan ddibynnu ble roedden nhw'n byw. Roedd patrymau'r gwaith paent oedd ar walydd y neuadd a'r bordydd *bakelite* oedd yn y cyntedd, y cyfan wedi'i gynllunio i fod yn un cyfanwaith. Rwy'n siŵr mai atgof am y dyddiau hyn a wnaeth imi brynu bord gron isel, y ford ei hunan yn *bakelite* brown a'r coesau yn diwbiau o fetel euraid wedi'u plygu i droi mewn, a'i rhoi yn anrheg Nadolig i'r mab. Dyma'r cyfnod, mae'n rhaid, pan ddaeth y ford goffi yn addurn i'n parlyrau ni. Rwy'n amheus a gawson nhw eu defnyddio at bwrpas coffi, serch hynny, yn nyddiau'r *Bev* a'r *Camp*.

Mae rhai o'r ffatrïoedd a godwyd ar ôl y rhyfel yn yr un arddull; ffatri Hoover ym Merthyr Tudful er enghraifft. Roedd yr adeiladau hyn mor wahanol fel bod llawer o'r gweithwyr yn eu hystyried yn hyll, a phrin oedd y rhai oedd yn meddwl ei bod yn drawiadol o wych. Mae'r ffatrïoedd wedi mynd o un i un. Oherwydd eu bod wedi'u codi fel cyfanrwydd, y tu fewn a'r tu allan wedi eu cynllunio at un pwrpas, roedden nhw'n anodd iawn eu haddasu wrth i dechnegau cynhyrchu newid a'r angen am fwy o le i gadw peiriannau trwm. O ganlyniad, maen nhw wedi cael eu dymchwel erbyn hyn.

Roedd pensaernïaeth yn agwedd bwysig ar Art Deco. Archoffeiriad y wedd bensaerniol oedd y Ffrancwr, Le Corbusier. Ei ddweud mawr oedd mai 'peiriant i fyw ynddo' yw tŷ. Ei nod a'i gamp wrth lunio tŷ oedd creu darn o gelfyddyd. Y *Nouveau Riche* a wnaeth eu ffortiwn yn y Rhyfel Byd Cyntaf oedd â'r arian a'r awydd i gael cynllunydd enwog i gynllunio eu tŷ a'r celfi a phob manylyn oedd ynddo. Ond er gwaethaf eu harian, ar y cyfan, cyndyn oedd y cyfoethogion newydd i ymateb i'r arddulliau newydd.

Ym marn y beirniaid, ac yr oedden nhw'n lleng, dangos diffyg gwreiddioldeb a wnâi'r adeiladau newydd gan mai dwyn syniadau'r Eifftiaid a'r Asteciaid a wneid. Ond gan i Howard Carter ddarganfod beddrod Tutankhamun ym 1923, mae'n ddealladwy fod y cyfoeth o batrymau a lliw a welodd y byd am y tro cyntaf erioed wedi dylanwadu ar gynllunwyr y cyfnod. Gellir dweud nad oedd y dylunwyr hyn yn arloeswyr, mai defnyddio syniadau pobl eraill a wnaent a'u hymestyn neu eu defnyddio mewn ffordd feiddgar. Yr oedden nhw hefyd yn elitaidd ac yn bodloni rhan fach o gymdeithas yn unig.

Doedd llinellau syth pelydrau'r haul, mellten yn igam-ogamu o'r awyr, a'r onglau miniog ddim wrth fodd pobl gyffredin. Ychydig iawn o dai annedd a godwyd yn yr arddull yma yng Nghymru. Roeddwn i'n mynd heibio i un bob dydd ar y ffordd i'r ysgol: codwyd, yn ôl y sôn, gan reolwr sinema wedi'i ysbrydoli, mae'n rhaid, gan yr hyn a welai yn ei weithle. Roedd yn dŷ to fflat, ar ei ben ei hun, wedi'i baentio'n wyn i gyd. Roedd y ffenestri haearn a'r drws ffrynt, â'i wydrau pelydrog yn y rhan uchaf, wedi'u paentio'n goch. Ond hwn oedd yr unig un, a chlywais i neb yn ei ganmol.

Sylweddolodd y cynllunwyr bod rhaid apelio at y farchnad boblogaidd os oedd eu syniadau am lwyddo a gwneud arian. Ym myd busnes roedd yn gyfnod o ehangu ac o syniadau mawr. Roedd hysbysebu ar gynnydd. Gwelodd y cwmnïau mawr werth mewn creu adeilad oedd yn unigryw iddyn nhw. O gadw at yr un cynllun, gellid agor siopau mewn gwahanol drefi a byddai pobl wastad yn eu hadnabod ac yn gwybod bod eu cynnyrch yn cyrraedd yr un safon uchel: ystyriwch *Burtons the Tailor* a fu yn Aberystwyth, Y Fenni a Merthyr Tudful, er enghraifft: trefi tra gwahanol i'w gilydd ond yr un nodweddion oedd ar bob un o siopau Mr Burton.

Ffasiwn oedd y wedd arall ar Art Deco. Roedd ffasiwn yn fusnes fawr a'r dillad wedi'u cynllunio i ddenu'r fenyw newydd a ddaeth o'i chuddfan yn ystod y Rhyfel Byd Cyntaf pan oedd eu gwŷr a'u cariadon yn y fyddin. Ymateb i'r rhyddid newydd hwn oedd y byd ffasiwn a ddatblygodd yn anturus a hudolus. Roedd cael eu rhyddhau o'r penyd o orfod gwisgo staes yn newid bywydau'r genhedlaeth iau. Gyda'r arddulliau bachgennaidd newydd ac ymarferol, doedd y ffrogiau hyn ddim yn dilyn siâp y corff ond yn cwympo'n syth o'r ysgwydd. Roedd y wasg yn isel ar y glun a chwaraeai'r sgert yn llac ar y ben-glin am y ddwy flynedd rhwng 1925 a 27 ond disgyn wnaeth hi wedyn yn bigau. Dyma'r tro cyntaf i ferched ddangos eu coesau ym Mhrydain ers miloedd o flynyddoedd.

Un o gynllunwyr dillad mwyaf y cyfnod oedd y Ffrances, Coco Chanel. Gan fod ei dillad mor syml a di-addurn, roedd yn bosibl eu copïo yn ddigon rhwydd. Yn wahanol i lawer o gynllunwyr, roedd hi'n falch bod copïau o'i dillad yn cyrraedd yr hewl fawr. Dim ond y cyfoethog iawn allai fforddio'r dillad a wnâi hi ym Mharis ond yn y tridegau roedd mynd ar wneud dillad gartref, o batrymau papur. Roedd dyfodiad yr injan wnïo ar ddechrau'r ganrif wedi'i gwneud hi'n haws i wneud dillad. Dim ond iddi brynu defnydd rhad a'i bwytho ei hunan, byddai un ffrog fach yn ddigon i godi calon y weithreg gyffredin a gwneud iddi deimlo ei bod hithau hefyd yn rhan o'r byd newydd. Dyna wnaeth fy mam a'i ffrindiau. Roedd ganddynt y ddawn o wneud yn fawr o ychydig, dawn a ddefnyddiwyd ganddynt ar hyd eu hoes.

Nid dillad yn unig gâi eu cynnig i ferched ifainc gan yr hysbysebwyr llygadog. Roedd yn rhaid wrth yr olwg gyflawn newydd, gweddnewidiad. Rhaid oedd torri'r gwallt yn grop, a daeth yr Eton Crop yn 1926. Roedd yr het a'r gwallt yn dilyn yr un siâp, a'r het *cloche* yn ffitio'r pen fel ail bennaid o wallt. Doedd hi ddim y siâp caredicaf i wisgo gan mai ychydig iawn o wallt fyddai yn y golwg i feddalu esgyrn y wyneb. Ond daeth hi'n boblogaidd gyda phob oedran. Yn wir, un o'm trysorau yw *cloche* fy mam, o'r tridegau. Fe fûm i hefyd yn ei gwisgo bob gaeaf wrth sefyll tu fas i'r ysgol gynradd yn disgwyl y plant, ddeg mlynedd ar hugain yn ôl. Mae'r het yn felfed pwythedig a'r sylfaen yn frown, lliw nytmeg hyfryd. Saith blodyn ffurfiol mawr a fflat sy'n ffurfio'r goron a'r lliwiau'n oren, lliw naturiol a brown.

Mae pob cenhedlaeth o ferched bach wrth eu bodd yn chwilio trwy focsys jiwels eu mam. Nid gemwaith oedd yn y bocsys hyn ond pethau a brynwyd yn rhad. Yn y tridegau yn arbennig, gwelwyd plastig yn cael ei ddefnyddio mewn modd llawn dychymyg a hyder i greu siapiau newydd ym maes gemwaith. Tua 1930, yn ei chasgliad *haute couture*, defnyddiodd Coco Chanel freichledau a chlipiau plastig i dynnu sylw at ei dillad. Roedd yr olwg yn syfrdanol o newydd. Gan fod y clip yn beth newydd sbon, fe roddodd y cylchgronau fel *Woman's Own* awgrymiadau ar sut i'w wisgo. Roedd yn boblogaidd iawn am y gellid ei ddefnyddio ar ffrog neu het neu bâr o esgidiau. Erbyn heddiw, er eu hapêl amlwg, maen nhw'n anodd iawn i'w gwisgo. Roedden nhw ar eu gorau yn addurno gwddwg sgwâr ffrog.

Dyma'r cyfnod pan ddechreuodd merched smygu ac ymbincio'n gyhoeddus, ond ystyrid y rhai a wnâi hynny yn rhai gwyllt. Cyfunwyd y ddau arferiad yn ddyfeisgar iawn yn y compact. Byddai compactau gorau'r cyfnod yn aur, neu yn arian ag enamel lliwgar yn eu haddurno. Ond gwnaethpwyd yr un coch a llwyd sydd gen i ar gyfer gweithwyr siop a ffatri. Mae holl nodweddion ac ysbryd Deco ynddo ond cafodd ei wneud yn Siapan. Paent cyffredin wedi'i ddefnyddio yn dringar sydd arno ond rwy'n edmygu'r dyfeisgarwch a'r *pizzazz* sydd yn dal yn rhan ohono er gwaethaf y traul. Mae'n mesur rhyw 4 modfedd wrth 2 fodfedd. Mae un fflap ar yr ochr hir yn codi i ddangos man i ddal powdwr. O godi'r fflap ar yr ochr arall mae drych, man pwrpasol i ddal sigaret ac odano le i ddal y llwch. Ar frig yr ochr fer mae toslyn o sidan lliwgar. O'i dynnu, datgelir y minlliw coch tywyll. Mewnforiwyd rhain o'r Almaen a Siapan yn y tridegau.

Ond yr enghraiffy orau sydd gennyf o gelfyddyd Art Deco yw potel bersawr. Nid yw'n un a wnaethpwyd gan dŷ persawr ond un y bwriadwyd i bersawr gael ei arllwys i mewn iddi a'i harddangos ar y bwrdd ymwisgo. Mae'n dalp o wydr clir a thrwm. Mae ei siâp yn seiliedig ar drionglau o wahanol feintiau: yn y paneli lliw mae du yn cyferbynnu â lliw arian. Gan fod y ffordd y cafodd y gwydr ei dorri yn ei wneud yn drwchus mewn mannau ac yn ysgafnach mewn mannau eraill, mae pob math o gyfuniadau o onglau a llinellau i'w gweld, sy'n ychwanegol at y prif batrwm. A phopeth yn gyfewin fanwl. Nid yw at ddant pawb ond mae wastad wedi fy swyno i.

Tair merch flaengar

Er i'm rhieni briodi yn niwedd y tridegau, welais i erioed lestri y gellid edrych arnynt a dweud eu bod yn nodweddiadol o gynlluniau'r cyfnod yn ein cartref ni, onibai am un jwg heb enw gwneuthurwr odani. Roedd yn jwg fawr, yn fwy o bot blodau na dim, oedd yn wahanol iawn, ac i'm llygaid i yn hyll. Roedd yn felyn llachar a'i gwaelod wedi'i baentio'n wyrdd i edrych fel glaswellt â phatrwm o ddau neu dri ffrwyth oren ar ei chanol a'r ddolen ar siâp hanner cylchoedd. O ddysgu mwy am gynlluniau'r cyfnod, gallaf weld fod y jwg hon yn gymysgedd o arddulliau rhai o gynllunwyr mwyaf Prydain yn y cyfnod rhwng y ddau Ryfel Byd – ac yn chwyldroadol ddigon, roedden nhw'n ferched i gyd.

Roedd yr ugain mlynedd rhwng y ddau Ryfel Byd yn gyfnod eithriadol o greadigol â pheth o'r creadigrwydd hwnnw wedi ei sianelu at greu llestri da y gellid eu defnyddio bob dydd. Roedd hi'n gyfnod pan oedd artistiaid, penseiri a chynllunwyr yn dylanwadu ar ei gilydd a'r un syniadau yn codi yng ngwaith y naill a'r llall. Edrych ymlaen oedd eu nod, creu ar gyfer y dyfodol heb gyfeirio nôl o hyd at ddelweddau rhamantaidd o'r gorffennol. Ond cysur oedd prif angen llawer iawn o bobl, a doedden nhw ddim am gamu i'r byd newydd modern. Roedd yn well ganddyn nhw fyw yn yr un math o gartref oedd gan eu rhieni a mwynhau bywyd fel yr oedd.

Pan ddaeth y Rhyfel Byd Cyntaf, ymunodd y dynion a weithiai yng nghrochendai Swydd Stafford â'r fyddin ac aeth y merched i gymryd eu lle, gan gamu i fyd newydd. Datblygodd rhai o'r merched hyn i fod yn grochenyddion dyfeisgar a llwyddiannus iawn.

Cododd tair ohonynt i fod o'r pwys mwyaf ym myd dylunio, sef Clarice Cliff, Susie Cooper a Charlotte Rhead, a phob un ohonyn nhw yn hynod a diwyro yn ei huchelgais. O'r tair y llestri a gesglir heddiw fel petai dim yfory i'w gael yw rhai Clarice Cliff. Pan ddechreuodd y rhuthr mawr am bob peth gan Clarice Cliff roedd rhai yn gallu sefyll nôl gan ddweud, 'O maen nhw'n hyll, mae'r lliwiau'n gras, fydden nhw ddim yn ffito mywn i'n tŷ ni' ond mae hyd yn oed y Thomasiaid gwaethaf yn gorfod cydnabod fod y ferch yn athrylith, ac mae'r prisiau a delir amdanynt heddiw yn cydnabod hynny. Mae cymaint o fynd arnyn nhw fel bod rhyw ffatri yn gwneud copïau ohonyn nhw, ac mae rheiny'n gwerthu hefyd.

Doedd neb arall yn gwneud llestri oedd mor ysgytwol eu cynllun a'u lliw.

Cânt eu hystyried heddiw fel ymgorfforiad o ysbryd ac asbri Art Deco. Doedd neb erioed wedi defnyddio siapiau geometrig a lliw mewn ffordd mor fentrus a bywiog â hi. Mae'r enwau a roddodd ar ei phatrymau yn nodweddiadol o'i phersonoliaeth a'i dychymyg anturus: *Bizarre, Fantastique* a *Biarritz* a rheiny yn ei lifrai oren a melyn croch yn sgrechian ar bawb.

Ganed Clarice Cliff yn 1899 yn Tunstall, Swydd Stafford, yn un o saith o blant. Dechreuodd weithio fel peintres yn 13 oed gan symud o grochendy i grochendy yn yr ardal a dysgu agwedd newydd ar y gwaith bob tro, a thrwy hynny ddysgu holl brosesau crochenwaith: cynllunio, modelu, tanio, a phaentio â llaw. Yn 16 oed, dechreuodd ar brentisiaeth yn y Royal Staffordshire Pottery. Yno gwelodd ei chyflogwr, A. J. Williamson, ei dawn a'i hanfon i Goleg Celf Brenhinol Llundain am gyfnod byr. Pan ddychwelodd, rhoddodd iddi ei stiwdio ei hun. Yr oedd y crochendy wedi ceisio denu cynulleidfa newydd, a themtio'r hen gynulleidfa i dderbyn siapiau newydd o'r blaen ond cyndyn iawn oedd pobl i'w prynu.

Ei thasg gyntaf wedi dychwelyd o Lundain oedd arbrofi trwy baentio â llaw drigain dwsin o lestri gwynion plaen oedd yn segur yn y stordy a'u harddangos yn Ffair Ddiwydiannau Prydain yn 1926. Gwnaeth hynny gyda thîm bach o baentresi a phaentio'r llestri â chynlluniau geometrig mewn lliwiau cryf, oedd yn gwbl groes i dueddiadau'r cyfnod. Rhoddwyd label odanyn nhw, *Bizarre by Clarice Cliff* a gwerthwyd y cwbl. Doedd dim byd tebyg iddyn nhw ar y farchnad. O hynny ymlaen, cafodd ei phaentresi yr enw *The Bizarre Girls,* a bu'r rheiny yn driw iawn iddi.

Roedd merched y crochendai yn dechrau fel prentisiaid a'u gwaith nhw oedd cyrraedd o flaen pawb i baratoi at waith y dydd; glanhau'r potiau paent, gosod papurau newydd glân ar bob mainc ac yna malu'r blociau mawr o liw gan ddefnyddio cyllell ar deilsen. Roedd hi'n chwe mis o brentisiaeth. Wedi hynny caent arbenigo mewn gwneud amlinellau neu gosod y lliw yn yr amlinelliad neu paentio'r bandiau o liw. Gweithient mewn timau ac wrth wneud y patrwm *crocus*, dyweder, byddai pob un yn gyfrifol am ychwanegu ei lliw ei hun.

Fel pennaeth roedd Clarice Cliff o flaen ei hamser. Roedd y gweithdy yn lle digon oer â'r merched yn cadw'n gynnes wrth glecan a chwerthin. Yn ôl yr hanes, ac efallai er mwyn ceisio cadw meddwl y merched ar eu gwaith, roedd hi yn un o'r rhai cyntaf i osod weiarles yn y gweithle. Doedd y merched hyn erioed wedi bod oddi cartref, ond yn yr haf byddai hi'n mynd â nhw am drip diwrnod (weithiau i Langollen) a hithau wrth ei bodd yn gwisgo ffrog *flapper* a het *cloche*. Fel ffordd o hysbysebu ei gwaith, byddai 'Miss Cliff' yn cynnal arddangosfeydd yn siopau mawr Caerfaddon a threfi tebyg, a'r merched oedd yn arddangos eu crefft wedi'u gwisgo yn y smociau a gysylltir ag artistiaid.

Defnyddiodd yr arddangosfeydd fel ffordd o lansio ei llestri *Bizarre* yn 1927. Gan eu bod mor wahanol, gallai'r cyhoedd fod wedi'u gwrthod. Roedd y cwmni ei hun yn betrusgar am fod rhai eisoes yn gwawdio'r llestri. Ond un o gryfderau'r cwmni oedd eu marchnata. Bob blwyddyn byddai'r cwmni yn cymryd stondin yn y Ffair Ddiwydiannau, yr *Ideal Home Exhibition*, ac yn arddangos mewn siopau fel Waring and Gillow a Lawleys, y siop lestri. Pwysleisiwyd newydd-deb y llestri a'u gwahanrwydd, a hynny a'u gwerthodd i sêr y sgrîn a'r teulu brenhinol. Amharod oedd rhai cyfanwerthwyr i brynu gormod ohonynt gan ofni na fyddai eu cwsmeriaid nhw byth yn eu prynu. Doedd rhain ddim yn llestri bob dydd ond yn setiau i'w rhoi yn anrhegion priodas. Ond unwaith i Woolworth's ddechrau eu gwerthu yn gymharol rad, cododd hyder y prynwr cyffredin gan gyflawni gobaith Clarice Cliff o wneud llestri o safon i bobl o'r un cefndir â hi. Ar y llestri cynnar hyn, mae'r marciau ar ochr isaf y llestrïyn wedi'i wneud â stamp rwber. O 1930 ymlaen, mae'r marc yn llai ac yn lithograff.

Pan oedd *Bizarre* ar ei fwyaf poblogaidd roedd ganddi fyddin o baentresi, dau gant o ferched, yn paentio â llaw. Roedd ei gwaith mor boblogaidd fel bod y ffatri gyfan, mil o weithwyr, wedi cynhyrchu dim ond llestri *Bizarre* am flwyddyn gron yn 1930 ac ni ddaeth y patrwm i ben tan 1941.

Mi fu'n ddigon doeth i greu ar gyfer y farchnad mwy confensiynol hefyd. Roedd hi'n hoff iawn iawn o'i gardd a chafodd ei hysbrydoli ganddi. Dau o'i phatrymau mwyaf llonydd yw *Celtic Harvest* sydd yn llawn o ffrwythau'i pherllan, a'r *Crocus*. Câi'r rhain eu paentio mewn lliwiau tawelach, lliwiau yn nes at eu lliwiau naturiol, glas, piws golau a melyn. Gwnaeth hefyd batrymau o'r tirlun megis bwthyn bach yng nghesail y mynydd.

Roedd siapiau ei llestri yr un mor newydd â'i lliwiau. Roedd ei dyfeisgarwch yn syfrdanol. Roedd y cyfuniad o liwiau cryf a siapiau trionglog yn unigryw. Ond roedd rhai o'i llestri te, tebot, jwg ddŵr, jwg laeth a basn siwgr a seiliwyd ar gylchoedd yn syml a thawelach o ran lliw ond yn hynod effeithiol.

Mae llestri Susie Cooper yn wahanol iawn i rai Clarice Cliff er mai dim ond tair blynedd oedd rhyngddyn nhw o ran oedran. Ganed Susie Cooper yn

1902 yn Burslem, calon yr ardal a elwir y *Potteries* am mai yno yn 1759 yr agorodd Josiah Wedgwood ei grochendy cyntaf. Bron gant a hanner o flynyddoedd wedi hynny, roedd Susie Cooper i gael dylanwad mawr ar grochennu'r ardal.

Cafodd addysg well na'i gilydd. Aeth i'r ysgol nos yng Ngholeg Celf Burslem i gymhwyso i fod yn gynllunydd dillad. Ond cafodd ei denu fwyfwy gan deimlad ac arogl clai. Cafodd gyfle i fynd i'r Coleg Brenhinol yn Llundain ond penderfynodd ymhen fawr o dro yno mai Burslem oedd ei lle hi, am fod ei hangen hi yno. A hithau dim ond yn 20 oed aeth i weithio i gwmni A.E. Gray & Co. Defnyddiodd liwiau cryf a phatrymau geometrig ond chwilio am ffordd ymlaen yr oedd hi yr adeg honno. Gwelodd Edward Gray fod ganddi ddawn a dyfeisgarwch neilltuol, a chafodd ben-rhyddid i gynllunio a phaentio ei llestri ei hunan. Dechreuodd y cwmni hyrwyddo ei gwaith gyda'r geiriau *Designed by Susie Cooper.*

Yn 1930, mentrodd ar ei liwt ei hun. Ei nod oedd cynhyrchu llestri i'r ford, llestri cinio yn ogystal â llestri te, jygiau a thebotau a fyddai, er nad oeddent yn rhad, o fewn poced y bobl roedd hi'n byw yn eu plith, ac ar yr un pryd yn creu gwaith iddyn nhw gan fod diweithdra yn uchel. Roedd ei phaentresi yn gorfod dysgu eu crefft o'r dechrau un a dyna pam roedd addurn syml ar y llestri cynnar; smotiau gwyn ar gefndir glas cryf, er enghraifft.

Llestri lluniaidd a thawel, o ansawdd uchel iawn, oedd yn nodweddu ei gwaith. Er mwyn cadw'r pris lawr, roedd y llestri hyn yn llestri pridd a defnyddiai fandiau o liw yn enwedig ar y llestri cinio. Câi'r bandiau eu paentio ar y llestri â brws a bwrdd tro'r crochennydd yn unig, felly roedd hi'n broses rad. Roedd hynny'n rhoi'r rhyddid iddi gynhyrchu'r llestri mewn sawl lliw. Doedd hi byth yn goraddurno dim; roedd y bylchau mor bwysig â'r patrymau iddi. Peth arall oedd yn nodweddu ei gwaith oedd bod y llestri yn ateb eu pwrpas. Roedd hi'n meddwl am sut câi'r llestri eu defnyddio. Er enghraifft, mae clawr desgl lysiau'r set ginio, o'i droi drosodd, yn eistedd yn dda ar y ford ac yn gwneud desgl ychwanegol. Wrth ganolbwyntio ar ffurfiau ac ar addurno gweddol syml, cadwodd yr un patrymau i fynd dros ddegawdau a chwsmeriaid yn gallu prynu rhai newydd i gymryd lle y rhai a dorrwyd. Pan welwch chi set gyfan o lestri cinio ar werth, ar ôl eu gwerthfawrogi, y cwestiwn nesaf sydd yn dod i'r meddwl yw a oes gennym ni ddigon o le i gadw'r pethau. Mae'r ateb fel arfer yn negyddol.

Roedd hi'n un a gâi ei hysbrydoli gan natur. Mae un o'i setiau te cynharaf yn syml o ran lliw ond roedd y newydd-deb yn ei siâp. Y *Kestrel* oedd ei enw am mai'r aderyn a'i big crwm a ddylanwadodd ar ei siâp unigryw. Y *Curlew* oedd un arall. Cafodd rhain eu cynhyrchu tan ddiwedd y pumdegau. Mae pig y tebot yn arllwys yn dda a'r platiau a'r llestri te yn ffitio i'w gilydd yn daclus. Defnyddiai ffrwythau a blodau ar ei llestri hefyd ond roedd hi bob amser yn eu dangos trwy ei sbectol arbennig hi. Ei llestri cynnar, cyn 1939, yw'r rhai gwir gasgladwy, ar hyn o bryd.

Chafodd Susie Cooper mohoni'n hawdd. Yn ystod y Rhyfel Byd Cyntaf aeth y merched i'r crochendai i weithio fel paentresi, ond yn yr Ail Ryfel Byd, penderfynodd y merched y caent well cyflog wrth weithio yn y ffatrïoedd arfau. Doedd dim llawer ohonynt ar ôl felly a allai baentio â llaw a throdd Susie Cooper i ddefnyddio'r lithograffi newydd. Ac er gwaethaf y dirwasgiad byd-eang, llwyddodd i lansio cyfnod newydd yn ei hanes yn llwyddiannus.

Ar ôl y rhyfel, dechreuodd ddefnyddio *bone china* a defnyddio'r tseina esgyrn hwn i wneud llestri te a choffi arbennig o hardd yn eu symlrwydd. Mae llestri'r cyfnod hwn yn gofiadwy am eu bod mor lân a pherffaith eu golwg. Anaml y gwêl rhywun y setiau cinio nawr ond mae digon o'r llestri hyn i'w cael. Un peth unigryw a wnaeth hi oedd lliwio tu fewn y cwpan. Gyda'r tseina ei hun yn glaerwyn, y lliw tu fewn, a phatrwm cynnil tu allan, roedd y cyfan yn gwneud cyfuniad trawiadol iawn.

Yn 1957, bu tân yn ei gweithdy i ychwanegu at ei thrafferthion ac unodd â chwmni arall. Prynwyd y cwmni hwn gan Wedgwood yn 1966 a barhaodd i gynhyrchu ei phatrymau ond gyda'r gair ychwanegol *Wedgwood* odanynt. Rwy'n siŵr y bydd y rhai cyn-1966 yn gasgladwy iawn ryw ddiwrnod.

Y drydedd yn y drindod ddawnus hon oedd Charlotte Rhead a aned yn 1885. Roedd achau hon yn wahanol. Roedd ei thad, Frederick Rhead, yn gynllunydd crochenwaith, a'i dad yntau sefydlodd Goleg Celf Fenton lle y gorffennodd Charlotte a'i chwaer eu haddysg. Roedd hi ar ei mwyaf cynhyrchiol rhwng 1931 a 1943. Trwy'r dauddegau a'r tridegau, gweithiodd i gwmni Crown Ducal. Er iddynt weithio yn yr un cyfnod, roedd gwaith Charlotte yn dra gwahanol i eiddo Susie Cooper a Clarice Cliff.

Edrych yn ôl at y mudiad Celfyddyd a Chrefft oedd yn weithredol ar ddiwedd y bedwaredd ganrif ar bymtheg a dechrau'r ugeinfed ganrif a wnâi. Â'i thad yn ddylunydd o bwys yn y cyfnod yna, does dim syndod iddi gael ei hysbrydoli gan ethos y mudiad a chan William Morris yn arbennig. Er iddi wneud rhywfaint o lestri i'r ford, potiau, jygiau blodau a phlatiau mawr i roi ar y wal oedd ei phethau. Dywedir ei bod yn ferch swil ac mae hynny i'w weld yn ei gwaith. O'i chymharu â'r ddwy arall, mae ei gwaith yn llawn iawn ac ar ben arall y sbectrwm lliw. Hynodrwydd ei gwaith oedd ei dull o baentio. Byddai'n amlinellu'r patrymau yn gyntaf â llinell denau o glai a gâi ei gwthio o gwdyn rwber drwy bibell wydr gul, fel eisio cacen yn union, ac yna eu llenwi â phaent. Gwaith oedd yn cymryd amynedd a gofal oedd hwn ac oherwydd hynny, doedd ei photiau ddim yn rhad yn newydd.

Roedd ei phatrymau yn flodeuog a deiliog ond roedd y cwbl dan reolaeth dynn. Mae'n hoff o ddefnyddio amrediad o liw, fel lliw nytmeg, oren ysgafn, hufen tywyll; bob un o fewn ei amlinell ei hun. Gallai lunio plât arall yn yr un patrwm a'r un lliwiau sylfaenol, ond byddai'r cyfan ychydig yn oleuach neu yn dywyllach.

Y peth arall oedd yn unigryw iddi hi yw'r modd yr oedd yn gosod ei dolenni. Gwnâi jygiau a dolenni o siâp cyfarwydd. Ond un o'i harddulliau personol hi yw dolenni sy'n fwy o addurn nag o ddolen, yn wir falle taw clustiau yw'r disgrifiad gorau ohonynt. Defnyddiai hanner cylchoedd o wahanol feintiau a'u gosod weithiau ar un ochr yn unig, ond pan fydden nhw'n wynebu ei gilydd maen nhw'n anghymesur o ran lleoliad. Nid pawb all ymserchu yn y lliwiau tawel, bron yn llwydaidd, lliw'r hydref trwy'r niwl. Ei phatrwm *Byzantine* a *Florentine* a welir amlaf yn y lliwiau hyn. Ond un arall o'i phatrymau yw *Foxglove* ac mae eu lliwiau glas a phorffor yn dlws. Efallai bod ei gwaith yn fwy anodd cymryd ato ond mae edmygwyr mawr ganddi.

Byd o blastig

Rwy'n siŵr fod y rhan fwyaf o ferched o oed arbennig wedi bod mewn parti Tupperware rywdro, weithiau yn groes i'r graen ond yn gorfod cefnogi gan fod angen codi arian at yr ysgol feithrin. Roedd y dull yma o siopa yn hollol newydd ar y pryd. Roedd crynhoi mewn un man, yng nghartref un o'r aelodau fel arfer, i wrando ar rywun yn canmol y nwyddau oedd ganddi i'w gwerthu yn brofiad gwahanol iawn.

Llestri cegin oedd yn cael eu gwerthu yn y partïon hyn, powlenni a bocsys o bob maint, rhai hir, byr, dwfn, bas, cul, llydan, a phob un â chlawr. Ni fu erioed y fath amrywiaeth yn y gegin: popeth yn ddeniadol iawn, y gwaelod yn blastig ysgafn o liwiau golau pert a'r clawr yn wyn. Y peth trafferthus ar y troeon cyntaf oedd ceisio cau'r clawr yn dynn ond y gyfrinach oedd cael y gwynt ohono cyn ceisio ei selio. Roedd rhaid ei glywed yn pecial gyntaf ac yna byddai popeth yn iawn. Unwaith i rywun ddechrau eu defnyddio, sylweddolwyd fod yr heip yn iawn sef bod y bwyd yn cadw'n ffres a'u bod yn cadw'r cypyrddau a'r rhewgell yn daclus a glân. Y peth pwysig arall am y llestri hyn oedd eu bod yn para byth am eu bod wedi'u gwneud o blastig. Yr oedden nhw hefyd yn hardd. Yn wir, ym 1947 galwodd *House Beautiful*, oedd yn gylchgrawn dylanwadol iawn ar y pryd, y dysglau bwyd hyn yn *fine art for 39cents*.

Earl S. Tupper, cemegydd o Farnumsville, Massachusetts a ddyfeisiodd Tupperware yn 1945. Yr oedd llestri plastig ar gael yn America cyn hyn ac ar y dechrau, gwerthodd ef ei nwyddau mewn sioeau masnach yr un fath â phawb arall. Gwyddai Mr Tupper fod rhaid iddo wneud rhywbeth hollol wahanol os oedd am achub y blaen ar y cynhyrchwyr eraill. Cafodd y syniad o ddatblygu sêl arbennig a ddaeth i nodweddu ei nwyddau, a gwyddai yn ei galon mai hwnnw fyddai'n rhoi'r flaenoriaeth iddo. Sylweddolodd y byddai'n rhaid iddo ddibynnu ar bobl eraill i werthu ei gynnyrch, a'u dysgu sut i werthu ac i ddefnyddio ei lestri yn llwyddiannus.

Gelwir pob math o ddefnydd sy'n cymryd ei fowldio dan wres neu bwysau yn blastig. Deilliodd y diwydiant modern o arbrofion a wnaethpwyd yn y bedwaredd ganrif ar bymtheg i ddyfeisio rhywbeth rhad a allai gymryd lle defnyddiau naturiol oedd yn prinhau ac yn ddrud iawn oherwydd hynny. Erbyn 1870, roedd dau frawd o America, Isaiah a John Wesley Hyatt, wedi datblygu seliwloid a gafodd ei ystyried yn un o wyrthiau gwyddoniaeth ar y pryd. Yr adeg honno, roedd prinder rwber, ifori, a chwrel ond roedd yn bosibl i wneud i bethau a wnaethpwyd o seliwloid edrych yn debyg iawn i'r gwreiddiol. Daeth doliau seliwloid i gymryd lle doliau tseina i ddiddanu merched bach. Erbyn 1889, wedi llwyddo i greu seliwloid mwy ystwyth, gosodwyd sylfaen y diwydiant ffilmiau. Ond sylweddolwyd mai prif wendidau seliwloid oedd ei fod yn ymfflamychol iawn ac yn drewi o gamffor.

Erbyn 1907, roedd y Dr Baekeland, gŵr o wlad Belg, wedi dyfeisio plastig oedd yn gwrthsefyll gwres ac felly'n ddelfrydol i wneud casys radio, camera, sychwr gwallt a phlygiau trydan. Câi'r pethau hyn eu gwneud mewn un neu ddau ddarn fel nad oedd raid ychwanegu dim at y casyn, dim ond gosod ei berfedd technegol ac ychwanegu bwlau. Roedd y lliwiau gwreiddiol yn rhai tywyll, cymysgedd brith o frown tywyll â du, a choch, glas neu wyrdd tywyll â du. Llwyddwyd i wneud fflasgiau Thermos, cwpanau ŵy, soseri llwch, celfi sinema, a phethau buddiol eraill – hyd yn oed eirch! – er bod y lliw yn ansefydlog a gallai golli ei wedd yn yr haul. Un o'i gryfderau yw nad yw e byth yn newid ei siâp ac nad yw'n bosibl ei grafu. Yr oedd siâp y fflasgiau yn osgeiddig ond yn anffodus roedd *Bakelite* yn bwrw ei flas ar eu cynnwys poeth.

Erbyn heddiw, mae cryn gasglu ar *Bakelite*. Un rheswm am hyn yw mai am gyfnod byr yn unig y cafodd ei gynhyrchu. Rwy'n cofio'r mab yn fachgen ifanc, yn cael £25 yn anrheg Nadolig gan ei dadcu. Aeth i ffair hen bethau ar Ddydd Calan a gwariodd y cwbl ar ddarnau o blastig a gafodd yn bennaf trwy chwilio mewn bocsys oedd o dan y byrddau gwerthu. Ychydig iawn ohonynt oedd yn cael eu harddangos ar y pryd. Erbyn hyn, mae casglwyr brwd ohono, dynion ar y cyfan. Yn ôl rhai o'r gwerthwyr, y ffordd i lanhau *Bakelite* yw trwy ddefnyddio *Brasso*.

Arbrofwyd yn helaeth i gynhyrchu math ar blastig a allai ateb pob diben gan fodloni'r cemegydd a gwraig y tŷ. Roedd un a fasnachwyd ym Mhrydain o 1914 yn boblogaidd iawn ar gyfer setiau i roi ar y bwrdd ymwisgo: pot powdwr, drych llaw, brws, a'r rhain mewn lliwiau golau, perlog. Ond er ei harddedd, diffyg hwnnw oedd ei fod yn amsugno dŵr. Pan oeddwn i yn f'arddegau, cefais anrheg Nadolig o botel fach o'r persawr *Evening in Paris* yn ei botel glas tywyll trawiadadol. Roedd mewn bocs Bakelite glas oedd wedi'i fowldio i wneud drws oedd yn agor i ddangos y persawr. Pan oedd y drws yng nghau roedd pâr o sgidiau duon sodlau uchel ar garreg y drws. Roedd hi yng nghornel yr un ddrôr am flynyddoedd ond pan es i chwilio amdani ymhen blynyddoedd roedd hi wedi diflannu er mawr siom imi.

Serch ei wendidau, roedd Bakelite yn gynnyrch defnyddiol ac ymarferol dros ben. Defnyddid yn lle pren i greu dolenni neu fwlau drws a chwpwrdd. Mae bri mawr ar radios EKCO, camerâu Kodak a'r camerâu bach, Coronet Midgit, a wnaed tua 1936 mewn pump lliw trawiadol gan gynnwys coch, glas a gwyrdd. Ond efallai mae'r peth sy'n tynnu llygad y rhan fwyaf yw ffôn. Y rhai cynharaf yw'r gyfres 200 (1929-1957), rhai duon. Ond y rhai a chwenychir yw rhai lliw y gyfres 300 (1937-59) a geid mewn du, ifori, coch a gwyrdd. Dywedir mai'r gwyrdd yw'r mwyaf poblogaidd, a'r drutaf am fod llai ohonyn nhw.

Gyda'r blynyddoedd, llwyddwyd i newid cynhwysion Bakelite i greu lliwiau eithriadol o bur a thrawiadol. Un ohonynt oedd y lliw oedd yn ymdebygu i wefr/amber. Yn y dauddegau roedd bagiau llaw lledr yn fach, ond er mwyn codi eu safon, defnyddid y ffug amber yma i roi tro newydd i'r ddolen neu i roi ymyl o liw gwahanol i fagiau a gariwyd o dan y gesail. Cafodd ambell gwdyn llaw ei wneud yn gyfan gwbl o blastig. Gwnaethpwyd pethau fyddai'n harddu desg unrhyw swyddfa yn yr un math o gynnyrch gan gynnwys hambwrdd bach i ddal peniau a theclyn i flotio'r inc.

Yr oedd hi'n ddiwedd y dauddegau pan gafwyd plastig a fyddai'n ateb holl ofynion y cynhyrchwyr: cynnyrch glân, golau, di-arogl nad oedd yn torri'n rhwydd. Roedd byd newydd yn agor o flaen gwraig y tŷ. Achosodd y Beetle Products Company gynnwrf mawr â'u llestri lliwgar, siapus a elwid yn Bandalasta pan gafwyd arddangosfa ohonynt yn ffenestr Harrods yn 1926. Rhain oedd goreuon y farchnad blastig. Bu'n rhaid i eraill wneud y tro a'r Beetleware a werthwyd yn bennaf yn Woolworth's. Gan mai eu mowldio a gâi'r llestri hyn, potiau pupur a halen, cwpanau ŵy, peth i ddal tost, gwydrau gwin ac ati, doedd dim rhaid cadw at y siapiau a welid ar lestri te ers cyn cof. Ac nid unffurf gwyn oedden nhw, ond yn frith neu yn ddeuliw yn toddi i'w gilydd. Roedd modd nawr i newid lliw a siâp pob peth oedd i'w gael mewn cegin. Mae'r rhan fwyaf o'r llestri hyn wedi'u marcio'n llawn, byddai'n ddigon rhwydd dechrau casgliad ohonynt.

Cawsant eu clodfori gan y cylchgronau a'u hysbysebu gan ferch landeg â gwên fawr ar ei hwyneb. Sut gallai gwraig ifanc fodern wneud heb y llestri chwyldroadol hyn? Roedd rhain yn hanfodol i bob gwraig oedd yn gweld ei hun fel dynes ffasiwn. Er mor drawiadol oedd yr hysbysebu, dangosodd y gwragedd bod yn well ganddynt y llestri tseina gwyn, hen ffasiwn. Doedd llestri plastig ddim at ddant pawb. Roedd llawer yn eu gweld fel ffugiadau rhad. Roedden nhw'n ysgafn a digon buddiol ond gallai yfed te a bwyta cinio ohonynt fod yn brofiad annymunol i lawer.

Ar y llaw arall, os oedd y modd gennych a'r awch i fwyta yn yr awyr agored, yr oedd y basgedi picnic ymhlith y pethau mwyaf ymarferol a hyfryd a wnaethpwyd yn y dauddegau. Roedd lle i bob peth a phopeth yn ei le: y cwpanau yn ffitio i'w gilydd fel nyth, a'r pot menyn yn closio i mewn i'r cwpan. Roedd bocsys bwyd, potiau pupur a halen a hyd yn oed fodrwyon i ddal serfiets, yn y fasged. I gwblhau'r wledd roedd fflasg Thermos. Roedd y cyfan fel chwarae tŷ bach a'r cwbl yn ddestlus iawn. Daeth y picnic yn arferiad a barhaodd a daeth cadeiriau a bordydd plygu yn rhan o'r profiad.

Plastig oedd y cynnyrch cyntaf a wnaethpwyd yn gyfan gwbl gan law dyn. Doedd dim tebyg iddo yn y byd naturiol. Gallai gymryd lliw cryf iawn. Roedd y lliwiau a ddyfeisiwyd yn newydd a thrawiadol. Hybu ffordd o fyw wnâi'r cynllunwyr y pryd hynny hefyd. Erbyn hyn mae cynnyrch plastig ym mhob cegin ac yn aml yn bethau difyr i edrych arnyn nhw. Am ei fod e mor hyblyg roedd yn bosibl i ymateb i ddigwyddiadau'r dydd yn union fel y gwnaeth crochendai swydd Stafford ganrif ynghynt. Yr hyn a'n denodd ni at y set blastig goch a'i smotiau gwynion, sydd hefyd yn cynnwys peth i ddal potel sos HP, oedd y fowlen sy'n dal menyn. Does dim dyddiad ar bethau plastig ond y mae'r ddysgl yn dathlu taith Sputnik 1, y lloeren gyntaf a anfonodd Rwsia i'r gofod. Cylchodd y byd mewn 96 munud ym 1957.

Roedd jiwels plastig yn bethau rhad a ddaeth â lliw a sbort i fywyd yr ifanc. Ond mae un gwneuthurwr sy'n tra rhagori ar bawb arall ac a lwyddodd i godi safon gemwaith plastig. Lea Stein yw honno. Ganed hi ym Mharis yn 1926 ac yno hefyd y bu'n astudio. Dylunydd oedd hi a briododd yn 1954 â gŵr oedd yn deall technegau plastig a sut i'w drin. Yn 1957, agorodd siop fach yn un o faestrefi'r ddinas ac yno y bu hi yn gwerthu tecstiliau ac yn breuddwydio breuddwydion, ac yntau, Fernand Steinberger, yn eu troi yn realiti. Y mae eu gwaith yn unigryw o ran syniadau, techneg a lliwiau. Ei gamp e oedd darganfod ffordd o asio hyd at ugain haenen o blastig yn ei gilydd. Roedd sut y cafodd e'r haenau i lynu yn ei gilydd yn gyfrinach. Ond gwyddom iddynt gael eu crasu yn y ffwrn dros nos a'u torri yn siapiau drannoeth.

Roedd Lea Stein yn ferch ddyfeisgar iawn a'i chynlluniau yn gwbl hyderus, llyfn a di-gwafar. Roedd y ffurf syml ac unigryw a'r lliw cryf yn creu argraff anhygoel. Wedi eu gweld unwaith, gallwch eu hadnabod o bell wedyn.

Mae pryd digwyddodd hyn yn annelwig ond yn ôl rhai, ni fuon nhw ond 12 mlynedd prin wrth y gwaith o gynhyrchu gemwaith plastig gan ddechrau yn 1969. Er iddi ddefnyddio llawer o batrymau, edrych nôl ar gyfnod Art Deco oedd hi. Aeth ei chwmni i'r wal yn 1981. Ond prynwyd ei holl stoc gan ddelar o Efrog Newydd ac fe werthodd yntau'r cyfan.

Y darnau a welir amlaf yw anifeiliaid; canddoid a'u cynffonnau yn troelli o gwmpas eu pen a'u llygaid slits yn syllu'n ddisglair; cathod, y pen yn unig neu yn cwtsho'n grwn, a chŵn. Ond dechreuodd hi gyda ffurfiau geometrig, lliwiau gwahanol wedi asio yn ei gilydd i wneud broetsh onglog syml. Wrth droi'r froetsh ar ei hochr, gellir cyfrif nifer yr haenau sydd ynddi. Gwnaeth hefyd ddelweddau'r dau ddegau, y cyfnod Jazz. Mae'r pin ar gefn y broetsys, bron bob un, wedi'u stampio â'r geiriau Lea Stein-Paris; mae ei siâp yn unigryw; rhywbeth yn debyg i E wedi'i hymestyn. Mae pinnau'r rhai cynharaf wedi'u gwasgu mewn i'r plastig ond ymhen amser gwelodd ei bod hi'n haws i ddefnyddio hoelion mân mân at y gwaith.

Roedd un o ddreiriau fy mam yn llawn trysorau, toredig yn aml ond doedd hynny ddim yn gwneud gwahaniaeth i mi yn blentyn: mwclis gwydr mawr heb glasp, sawl clustdlws o'r pedwar degau wedi colli ei gymar. Gyda'r blynyddoedd, aeth eraill i gadw cwmni iddyn nhw. Broetsh o gyfnod diweddar oedd un ohonyn nhw, o chwedegau'r ugeinfed ganrif, ac yn gyffredin iawn ar y pryd. Cawsant eu gwneud yn y siapiau safonol; crwn, sgwâr, hirsgwar a diamwnt. Mae'r arwyneb yn llyfn ac yn sgleiniog iawn yn union fel gwydr ac wrth edrych drwyddo mae basged, neu ryw drefniant arall o flodau pinc, glas a melyn, y cyfan wedi ei gerfio i mewn i gefn y ddisg blastig, a'i liwio. Merched oedd yn gweithio o gartref oedd yn lliwio'r disgiau, fe ddywedir. Nid plastig mo hwn chwaith ond ei ffurf ddiweddaraf, acrilig. Yr enw arno yw *Lucite* ac fe'i defnyddiwyd i wneud gemwaith rhad ar ôl yr Ail Ryfel Byd. Efallai bod un ar ôl yn eich tŷ chi.

Wedi'r Rhyfel

Gyda'r Ail Ryfel Byd, cafodd sicrwydd a chysur y cartref eu chwalu. Wedi'r bomio dychrynllyd a ddioddefodd sawl ardal, bu'n rhaid codi degau o filoedd o dai i geisio ail-gartrefi pobl a gollodd eu holl eiddo. At hynny, roedd hanner miliwn o bobl yn priodi bob blwyddyn yn ystod y Rhyfel ac angen lletyu arnyn nhwythau hefyd; llawer ohonynt yn byw mewn *rûms*, dwy stafell yn nhŷ cymydog efallai. Roedd hi'n gyfnod o brinder mawr hefyd am fod holl gynnyrch y wlad yn cael ei sianelu i angenrheidiau'r Rhyfel neu yn cael ei allforio i wledydd eraill i godi arian i'r Trysorlys. Doedd dim dewis felly gan y Trysorlys ond dogni.

Cael to uwch eu pennau oedd angen pwysicaf pawb. Roedd y tai a godwyd yn llai na'r rhai a gollwyd. Ni chafodd pawb dŷ newydd wrth reswm; yn y trefi adnewyddwyd hen dai mawr a'u troi yn fflatiau. Wedi codi'r adeiladau, roedd rhaid eu celfico. Ond roedd prinder coed. Felly yn 1943, aeth y Bwrdd Masnach ati i geisio gosod rheolau a therfynau penodol: faint yn union o goed y gellid ei glustnodi ar gyfer y tai a faint ar gyfer y celfi, a phenderfynu ar eu hansawdd. Cyn y Rhyfel, roedd pobl yn gyfarwydd â byw mewn tai digon tywyll a thrwm. Roedd eu celfi yn efelychu derw, yn dywyll a sgleiniog a darnau addurniadol wedi eu gludo arnynt. Neu gellid prynu'r un patrwm o gelfi mewn lliw ychydig oleuach. Roedd gan fy rhieni lond tŷ o'r stwff tywyll.

Galwyd ar gynllunwyr gorau'r dydd i greu syniadau y gellid eu gweithredu o fewn y cyfyngiadau a osodwyd gan y llywodraeth. Eu nod oedd gwneud celfi oedd wedi'u cynllunio'n dda â llinellau syml, di-addurn, yn ysbryd y traddodiad Celfyddyd a Chrefft a flodeuodd ar ddiwedd y bedwaredd ganrif ar bymtheg a dechrau'r ugeinfed ganrif. Caent eu gwneud o goed cryf a buddiol a sgriws metel yn asio'r darnau at ei gilydd i gryfhau'r celficyn. Wrth drafod ansawdd angenrheidiol y cynnyrch gyda'r gwneuthurwyr, awgrymwyd y dylid anelu at yr un safon â chynnyrch Marks and Spencers. Roedd y celfi Iwtiliti hyn yn hollol wahanol i'r rhai a gaed cyn y Rhyfel, ac ar y cyfan ni chymerodd y bobl atynt.

Ond roedd un peth da am y celfi Iwtiliti newydd, yr un oedd eu pris ym mhob man oherwydd dim ond y ffatrïoedd a awdurdodwyd gan y Llywodraeth oedd â'r hawl i'w gwneud. Ond gan fod saith gant o'r ffatrïoedd hyn dros Brydain, roedd ansawdd eu cynnyrch yn amrywio'n fawr. Doedd y cwponau a gafwyd gan y Llywodraeth byth yn ddigon i gelfico'r holl dŷ ac felly byddai pawb yn falch o gael menthyg celfi gan deulu a chyfeillion. Roedd hefyd farchnad ail-law ffyniannus a rhai yn talu mwy na'u gwerth am ambell ddarn. Hon oedd y Farchnad Ddu ac roedd popeth i'w gael yn hon meddai pawb, dim ond ichi dalu trwy'ch trwyn amdano. Pan ddaeth y cyfnod o ddogni i ben yn 1952, allan aeth y celfi Iwtiliti. Roedd fel petai oglau Rhyfel a phrinder yn eu plaenrwydd. Ychydig iawn iawn o'r celfi hyn sydd i'w cael erbyn hyn.

Mae gen i un crair o'r cyfnod hwn. Gartref, roedd y dyn drws nesaf yn saer coed oedd yn gweithio yng ngwaith dur mawr Richard Thomas and Baldwin yn Ben-câ (Glyn Ebwy). Gallech adnabod tai'r dynion a weithiai yno am eu bod i gyd wedi'u peintio yn yr un lliw gwyrdd ag a ddefnyddid yn y gwaith. Mae'n rhaid ei fod hefyd yn dod â darnau o bren adref oherwydd ryw Nadolig, cefais focs gwnïo roedd e wedi'i wneud yn anrheg, ac rwy'n dal i'w ddefnyddio. Rwy'n meddwl mai'r gŵr sylweddolodd fod y rhan fwyaf o'r saeth goch, sef yr arwydd a ddefnyddiwyd i ddynodi eiddo'r Llywodraeth, i'w weld ar ochr isaf y silff sy'n cadw botymau a mân bethau.

Yng nghanol y pedwardegau, dechreuwyd codi *prefabs* oedd i fod i bara am 10 mlynedd ar y mwya. Câi'r waliau a'r toeon eu cludo ar lorïau ac fe'u codwyd mewn fawr o dro. Roedden nhw fel tŷ dol: cegin yn cynnwys cypyrddau pwrpasol, ystafell ymolchi â dŵr twym. Defnyddiwyd y technolegau a'r cynnyrch a ddatblygwyd yn ystod y Rhyfel i hwyluso bywyd bob dydd. Cafodd gwydr ffibr ei ddefnyddio yn wreiddiol yn y diwydiant awyrennau, ond cafodd ei gynhyrchu wedyn i wneud celfi lliwgar, ysgafn: daeth neilon a ddatblygwyd yn 1939, a'i ddefnyddio yn helaeth i wneud parasiwts yn lle'r sidan gwreiddiol, yn rhan o fywyd pawb. Oherwydd y defnyddiau newydd ysgafn hyn gellid gwneud cadeiriau oedd yn plygu a soffa oedd yn agor i wneud gwely. Roedd yn gyfle i anghofio'r lliwiau diflas a'r celfi diraen a geid ym mhob cartref yn ystod y Rhyfel ac anelu at liwiau cryf a chalonnog, coch a melyn ysgafn yn arbennig. Dyma pryd y daeth y *mix-and-match* yn beth i anelu ato. Prin bod un cartref nad oedd yn ymhyfrydu mewn rhyw declyn modern iawn ei liw a'i olwg ar y pryd.

Codwyd y cyfyngiadau yn 1952 ac aeth y byd yn wyllt. Roedd pobl yn llawn gobaith ac yn barod i fwynhau unwaith eto a gwario arian ar bethau y gallen nhw eu mwynhau. Cafodd y bobl ifanc ryddid newydd yn ystod y Rhyfel a nawr roedden nhw am fyw yn eu ffordd eu hunain. Doedden nhw ddim am i'w cartrefi newydd edrych yr un fath â chartrefi eu rhieni: roedden nhw am fyw mewn ffordd mwy anffurfiol. Daeth hi'n ffasiwn i ddefnyddio dau liw gwahanol o baent yn yr un ystafell; un wal yn felyn golau a'r tair arall yn llwyd. Roedd yn ffordd i'r pâr newydd fynegi eu hunain.

Roedd y newidiadau a ddigwyddodd y pryd hynny yn bellgyrhaeddol. Lleihawyd y gwaith oedd wrth gadw'r lle yn lân a chodwyd yr ysbryd trwy gael bord a chadeiriau plastig lliw oedd yn creu *set*. *Formica* oedd y plastig gwyrthiol hwn a châi ei hysbysebu fel y peth fyddai'n sirioli eich cegin a rhyddhau'r ferch o slafdod gwaith tŷ. Roedd yr hysbysebion yn denu fel cacwn i bot jam. Roedd yr ymffrost yn fawr: nid yw'n staenio, cracio na phlicio, mae'n gwrthsefyll gwres ac mae'n sychu'n lân â chlwtyn gwlyb. Roedd y freuddwyd eisoes yn wirionedd yn America, a'r byd i gyd yn eiddigeddus. Y peth i ymgyrraedd ato wrth gwrs oedd *Kitchen Diner* neu hyd yn oed *Dinette*. Uchelgais pawb oedd cael cypyrddau i ffitio union fesuriadau eu cegin ac roedd cael digon o le i gwato'r annibendod yn fendith. Nid y lle tân oedd canolbwynt y gegin fyw rhagor ond y set deledu. O dipyn i beth, i gydfynd â'r ffordd o fyw o flaen y teledu, cynlluniwyd llestr oedd yn gyfuniad o blât a soser, a phant i ddal y cwpan ar y dde: delfrydol ichi fwynhau dishgled o de a brechdan o flaen y bocs. A'i enw wrth gwrs oedd *telly set*. Roedd cymaint o ddewis yr adeg yna, yr unig beth oedd ei angen oedd arian.

Er i'r Ail Ryfel Byd ddod i ben ym 1945, ni ddaeth diwedd ar ddogni bwyd tan 1954. Pan ddaeth wyau, siwgr a braster o fewn cyrraedd pawb, dychwelodd y diddordeb mewn gwneud bwyd gartref. Roedd y teclynnau newydd, rhai trydan a rhai plastig lliwgar yn gwneud y gwaith o baratoi bwyd yn bleser. Y gwaethaf am y pethau lliwgar oedd eu bod yn gwneud i bopeth o'u cwmpas edrych yn hen ffasiwn. Roedd hynny wrth fodd y gwneuthurwyr a'r sawl oedd yn hysbysebu'n drwm yn y cylchgronau merched. Am y tro cyntaf erioed doedd llestri te ddim yn cael eu gwneud o glai ond o'r plastig newydd. *Melamine* oedd yr enw ar un math o blastig llestri a'i rinweddau'n ddelfrydol at y ffordd o fyw roedd y cynllunwyr yn ei hybu. Roedden nhw i'w cael ym mhob lliw dan yr haul ac yn amhosib eu torri, yn ôl yr hysbysebion. Teimlid ar y pryd y byddai'r llestri plastig yn niweidio busnes y gwneuthurwyr llestri tseina. Ond doedd y rhai plastig ddim at ddant pawb. Roedden nhw'n moelyd yn rhwydd ac roedd meddwl am fwyta cinio dydd Sul oddi arnynt yn troi'r stumog. Llestrïach at iws, llestri gwisgo oedden nhw.

Ond roedd y llestri buddiol tseina a geid yn y siopau yn drwchus ac unlliw. Roedd y llestri gorau a gynhyrchwyd yn cael eu hallforio. Ysgogodd hyn rai o'r cwmnïau llestri i ymateb i'r awch am newid a newydd-deb. Y cwmni mwyaf blaengar yn y maes hwn oedd cwmni Midwinter. Yn fuan wedi'r Rhyfel, aeth Roy Midwinter, mab y perchennog gwreiddiol, i ogledd America i weld sut roedd America wedi datblygu eu marchnadoedd newydd. Daeth oddi yno yn ysu i arwain cwmni Midwinter i gyfnod newydd. Y peth cynta wnaeth e oedd cyflogi rhai o bobl mwyaf creadigol a brwdfrydig y dydd i'w gynorthwyo i arbrofi â lliwiau a chynlluniau modern. Defnyddiodd enwau oedd yn hoff gan hysbysebwyr y dydd, ar y gwahanol grwpiau o lestri a gynhyrchai, *Stylecraft* yn 1953 a *Fashion* yn 1954. Roedd e am ddenu pawb i newid steil eu llestri yn yr un modd ag y bydden nhw'n newid steil eu dillad.

Gŵr ar dân i chwyldroi'r cynnyrch ceramig, gan wneud llestri a fyddai o fewn cyrraedd pawb, oedd Roy Midwinter. Mentrodd gyflogi cynllunwyr o wahanol gefndiroedd a diddordebau i'w gynghori. Cyflogodd (Syr) Lewis Casson, pensaer yn ei ddeugeiniau cynnar ar y pryd ond un oedd yn anghyfarwydd â gofynion cynllunio ar gyfer llestri i'r bwrdd. Yr her iddo fe oedd creu darluniau y byddai'n bosibl eu trosglwyddo i depotau crwn yn ogystal â phlatiau gwastad. Cafodd ei ysbrydoli gan daith a wnaeth i dde Ffrainc gan fod modd i deithio unwaith eto, a'r canlyniad oedd y brasluniau ysgafn a roddodd fod i'r patrwm *Riviera* a gynhyrchwyd yn 1954 ac a ail-enwyd yn *Cannes* wrth eu hailgynhyrchu yn 1960.

Midwinter roes ei gyfle cyntaf i Terence Conran. Ac yntau yn ei ddauddegau cynnar pan ddechreuodd gynllunio i'r cwmni, gwnaeth gyfraniad o bwys. Gwnaeth nifer o batrymau unigryw: un yn batrwm o sgwariau a blociau o liw melyn, du a llwyd wedi'u paentio'n llawrydd, o'r enw *Chequers*. Gwnaeth setiau cinio mawr a'r peth gwir drawiadol a wnaeth oedd gwneud cloriau'r twrîns, y jygiau grefi a'r cwpanau o liw plaen gwahanol: llwyd yn yr achos yma tra bo'r platiau a'r twrîns eu hunain yn felyn a llwyd sgwarog. Mae set o'r llestri hyn yn costio ceiniog a dimai heddiw. Dydyn nhw ddim yn hen bethau heddiw ond mi fyddan ryw ddydd. Cynhyrchwyd *Chequers* a *Melody* yn 1958 a *Salad Days* yn 1955 a *Nature Study* yn 1958. Hefyd yn 1955, comisiynodd artist a weithiai mewn byd hollol wahanol, sef Peter Scott y naturiaethwr a'r peintiwr adar, a gwelir ei *Wild Geese* ef ym mhortffolio Midwinter.

Gan ddilyn gweledigaeth rhai o'r cynllunwyr newydd, gwnaeth y cwmni un peth arloesol arall yng nghanol y pumdegau: newidiodd siâp y llestri. Doedd y platiau a soseri hyn ddim yn grwn ond yn nes at ffurf sgwâr ag ymylon crynion oedd yn codi. Roedd y cwbl yn chwyldroadol. Syniad arall a ddatblygwyd gan Midwinter oedd darparu setiau bach o lestri mewn bocsys, yn addas i barau oedd yn dechrau eu bywyd priodasol. Gwn am lawer a gafodd lestri Midwinter yn anrhegion priodas. Malwyd llawer o'r rhai gwreiddiol erbyn hyn ond mae rhai wedi prynu ambell ddarn mewn marchnad a siop elusen i wneud y set yn gyflawn unwaith eto. Gall fynd o siop i siop yn chwilio am ddarnau coll fod yn ddifyrrwch digon dymunol. Rhain fydd hen bethau'r dyfodol a bydd y plant yn eu gwerthfawrogi, rwy'n siŵr.

Ymgynghorwyr oedd yn dechrau ar eu gyrfâu oedd y dylunwyr hyn. Prif gynllunydd y cwmni, serch hynny, a'r un a arhosodd gyda nhw, oedd Jessie Tait a aned yn 1928: gwnaeth ddwsenni o batrymau modern a sionc. Doedd dim blodyn yn agos atynt. Ei chynlluniau hi oedd *Festival* a *Red Domino*. Roedd y bobl wrth eu bodd â nhw gan fod eu prisiau yn rhesymol. Ond y farchnad roedd Roy Midwinter am ei chyrraedd oedd y bobl oedd yn ymwelwyr cyson â siop Woolworth's. Cyndyn iawn fu rheolwyr y siop honno i fentro â'i lestri tra gwahanol ef.

Y cwmni a gafodd werthiant mawr trwy Woolworth's oedd Ridgeway Potteries. Enid Sweeney oedd yr artist ifanc a gynlluniodd eu llestri *Homemaker*. Efallai nad yw'r enw yn gyfarwydd ond rhain yw'r llestri du a gwyn ac arnynt holl ddelweddau'r cyfnod: cadeiriau a bord â choesau cul, lamp dal, radiogram ac ati, a'r patrwm ar gefndir du a gwyn yn llenwi'r plât. Rwy'n cofio eu gweld nhw a'u cwpanau duon yn Woolworth's am iddyn nhw gael eu gwerthu yno, ac yno yn unig, rhwng 1958 a 1967.

Roedd gan chwaer fy nhad nad oedd fel arfer yn ymateb yn sydyn i newidiadau ffasiwn, set o lestri te trawiadol iawn a wnaethpwyd gan J&G Meakin. Roedden nhw'n eithriadol o fodern; y cwpanau, y jwg a'r tebot yn gochddu a'r soseri a'r platiau yn llinellau llawrydd yn croesi ei gilydd, a phob darn yn y ffurf newydd sgwaraidd. Enw'r patrwm oedd *New World*, ac yr oedd yn edrych fel petai o fyd arall hefyd. Nid hi ei hun a'u prynodd ond ei gŵr. Roedden nhw'n byw yn Nhonyrefail a'r gŵr yn dilyn tîm rygbi Caerdydd. Pan fyddai'n cyrraedd yn gynnar ar brynhawn Sadwrn, byddai wrth ei fodd yn crwydro adran lestri siop Howells oedd gyferbyn â Pharc yr Arfau, ac yno y prynodd e'r llestri hynod hynny.

Cyfres Llyfrau Llafar Gwlad – rhai teitlau

57. Y DIWYDIANT GWLÂN YN NYFFRYN TEIFI
   D. G. Lloyd Hughes; £5.50
58. CACWN YN Y FFA
   Ysgrifau Wil Jones y Naturiaethwr; £5
59. TYDDYNNOD Y CHWARELWYR
   Dewi Tomos; £4.95
60. CHWYN JOE PYE A PHINCAS ROBIN – ysgrifau natur
   Bethan Wyn Jones; £5.50
61. LLYFR LLOFFION YR YSGWRN, Cartref Hedd Wyn
   Gol. Myrddin ap Dafydd; £5.50
62. FFRWYDRIAD Y POWDWR OIL
   T. Meirion Hughes; £5.50
63. WEDI'R LLANW, Ysgrifau ar Ben Llŷn
   Gwilym Jones; £5.50
64. CREIRIAU'R CARTREF
   Mary Wiliam; £5.50
65. POBOL A PHETHE DIMBECH
   R. M. (Bobi) Owen; £5.50
66. RHAGOR O ENWAU ADAR
   Dewi E. Lewis; £4.95
67. CHWARELI DYFFRYN NANTLLE
   Dewi Tomos; £7.50
68. BUGAIL OLAF Y CWM
   Huw Jones/Lyn Ebenezer; £5.75
69. O FÔN I FAN DIEMEN'S LAND
   J. Richard Williams; £6.75
70. CASGLU STRAEON GWERIN YN ERYRI
   John Owen Huws; £5.50
71. BUCHEDD GARMON SANT
   Howard Huws; £5.50
72. LLYFR LLOFFION CAE'R GORS
   Dewi Tomos; £6.50
73. MELINAU MÔN
   J. Richard Williams; £6.50

Cyfrol o ddiddordeb gan yr un awdur

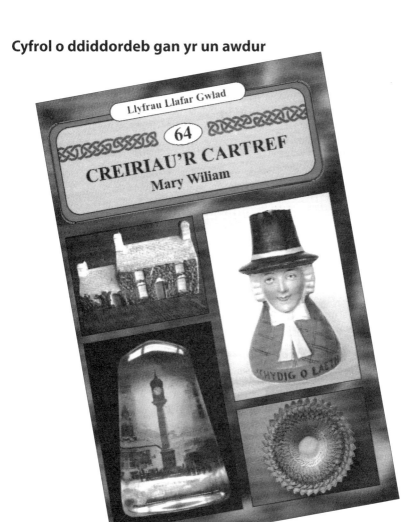

yn cynnwys yr ysgrifau:

*Nid aur yw popeth melyn; Cadlanciau Dirwest;
Mrs Gladstone ar blât; Sampleri o bob math; Tŷ Lloyd George;
Llongddrylliad y Royal Charter; Celfyddyd y Chwarelwr;
Hen Wragedd a Ffyn; Y Dylanwadau Distaw;
Cerrig Nadd Aberystwyth; Cadw dy afraid erbyn dy raid*